教育部人文社会科学研究一般项目"油价与燃油税双重作用下居民燃油消费规制效果及改进策略研究（15YJCZH173）"资助

U0593192

油价与燃油税双重作用下
居民燃油消费规制效果及改进策略研究

STUDY ON THE REGULATION EFFECT AND
IMPROVEMENT STRATEGY OF
RESIDENTS' FUEL CONSUMPTION UNDER
THE DUAL EFFECTS OF OIL PRICE AND FUEL TAX

王双英　李宝驹　曹梓珞　陈海宁◎著

经济管理出版社
ECONOMY & MANAGEMENT PUBLISHING HOUSE

图书在版编目（CIP）数据

油价与燃油税双重作用下居民燃油消费规制效果及改进策略研究/王双英等著．—北京：经济管理出版社，2020.4
ISBN 978 - 7 - 5096 - 7079 - 8

Ⅰ.①油… Ⅱ.①王… Ⅲ.①石油价格—影响—居民消费—研究—中国 ②燃油消耗—税费—影响—居民消费—研究—中国 Ⅳ.①F407.225 ②F812.42 ③F126.1

中国版本图书馆 CIP 数据核字（2020）第 058795 号

组稿编辑：胡　茜
责任编辑：钱雨荷　胡　茜
责任印制：黄章平
责任校对：陈　颖

出版发行：经济管理出版社
　　　　　（北京市海淀区北蜂窝 8 号中雅大厦 A 座 11 层　100038）
网　　　址：www. E - mp. com. cn
电　　　话：(010) 51915602
印　　　刷：三河市延风印装有限公司
经　　　销：新华书店
开　　　本：720mm×1000mm/16
印　　　张：12.25
字　　　数：167 千字
版　　　次：2020 年 4 月第 1 版　　2020 年 4 月第 1 次印刷
书　　　号：ISBN 978 - 7 - 5096 - 7079 - 8
定　　　价：69.00 元

目　录

第一章 绪论

第一节 研究背景

随着我国经济水平及人民生活水平的日益提高，居民对各种能源及各种石油产成品的需求越来越大。随着我国城镇化进程不断推进，居民能源消费强度不断攀升（李艳梅和杨涛，2013），研究表明，由居民最终消费引起的碳排放量约占产业能源消费直接排放总量的1/3，由居民能源消费引起的碳排放占总量的比例可能超过50%（黄小丽，2013）。

2000～2012年，我国生活汽油消费由227.58万吨上涨到1666.52万吨，以平均高于15%的速度逐年递增。最新调查显示，在工厂停工和单双号限行带来的"APEC蓝"效应中，机动车限行对削减PM2.5贡献率最高，接近40%。在我国目前以化石能源为主的能耗结构下，居民石油产成品消费不仅直接影响我国石油消费量，也将直接影响我国能源消费强度及能源效率（毕凌云，2011）。研究居民能源消费影响因素，把握其特征与规律，通过引导并规制居民能源消费对实现我国节能减排及"治霾"目标，逐步构建低碳消费的生态文明社会都具有重大的意义（庄贵阳，2011）。

随着美国基准原油期货价格跌破 50 美元/桶，截至 2020 年 1 月，我国燃油价格随之下跌。燃油价格暴跌导致居民成品油消费成本下跌，当边际私人成本小于边际社会成本，即存在外部不经济效应时，政府通过征税，强化纳税人环境保护行为，从而实现特定的环境保护目标。燃油税成为世界各国环境保护的重要经济手段。2009 年 1 月 1 日，我国酝酿了 14 年之久的燃油税也终于得以出台，截至 2015 年 1 月，以一升零售价为 6.05 元的 92 号汽油为例，消费税为 1.52 元，燃油税率约 25%。相对于美国燃油税在油价中所占 30% 的比例，加拿大燃油税约占油价的 1/3、英国的 73%、日本的 120%、德国的 260% 以及法国的 300%，我国燃油税率仍处于较低水平。面对我国经济社会发展的新常态，如何在保证环境保护效率及兼顾收入分配公平前提下确定我国燃油税率水平，如何运用价格、财税、行政及宣传手段促进资源的节约和有效利用，成为亟待解决的经济及社会问题。

第二节　文献综述

利用经济因素调节能源消费一直是能源供求管理的重点。油价、燃油税、收入等经济要素一直是能源消费调节的重要手段。

一、油价调节机制

Hang（2007）、Galli（1998）、Karen 等（2003）、孔婷等（2008）、林珏和闫建勋（2009）、张宗益等（2010）和王双英等（2014）研究发现，能源价

格的收入效应对能源消费结构具有调节作用，能源价格促使大部分行业由使用低效率能源向高效率能源的消费结构转变，各类能源的高价格都会导致能源利用效率的提高。不同能源价格变动对我国城乡居民能源消费的影响程度不尽相同，成品油与电力价格变动对居民能源消费影响最大，此外是热力、燃气价格变动（王腊芳，2010）。通过运用价格杠杆，从经济利益上抑制过度需求，引导能源消费模式的转变，将对促进低碳经济全面协调发展起到积极作用（张欢和成金华，2011；柴建等，2012）。

二、税收调节机制

税收是调节收入分配的重要手段，燃油税作为重要的"节能减排"政策，其作用效果历来是研究者关心的焦点，而且随着汽车普及率的急剧上升，这个问题的重要性也与日俱增。成品油税费建立税收调控能源使用的新机制，合理引导消费、促进节能减排。国内外研究表明，针对节能减排推出的税收政策能有效地降低对能源的消耗，减少温室气体的排放（D Fullerton 和 Garth Heutel，2007；Parry，2005）。Lemar（2001）和成金华等（2009）则从具体的能源财税政策角度，分析其对能源消费的调控效果。Steininger 等（2007）研究澳大利亚的道路税制，发现这些税总体上是累进的。但是 West（2004）研究美国的燃油税发现其对中高收入的家庭是累退的。面对税收调节的有限性，以及税收的公平性，其他规制居民能源消费行为的政策和措施同样是专家及学者关注的重点。

三、收入调节机制

收入水平影响家庭能源消费结构（张文渊，2000；程川，2004；陆慧等，2006），此外经济环境（Brandon 和 Lewis，1999；Romero 等，2001；Aydinalp，2004；Poortinga 等，2004；Druckman 和 Jackson，2008；Steg，2008）、替代能源（王效华等，2005；程胜，2009）、家庭规模、住宅类型和家庭收入（于航

等，2006；冯怡琳，2008），人口因素（Thogersen 和 Gronhoj，2010）等也是影响居民能源消费的重要因素。

四、认知、态度、行为因素调节机制研究

Ajzen 等（1985）在计划行为理论中认为，主体主观信念通过影响居民态度、主观规范等影响行为意愿从而影响主体实际行为。Stern 等（2000）构建并完善了价值—信念—规范理论，该理论认为主体价值观在影响主体信念以及主体规范的基础上，影响个人环境行为。Hines 等（1986）提出负责任的环境行为模型，通过元分析认为，环境问题、个性变量、行为战略及行为技能四个变量通过影响个体环境从而间接影响环境行为。近年来，中国众多学者结合个人环境行为理论，从环境因素、主体因素、环境关注度、生活习惯及家庭因素角度综合分析居民能源消费（孟艾红，2011；芈凌云，2011；汪兴东和景奉杰，2012；陈立顺，2008；叶斯博力，2009）。

五、法律法规、宣传教育管理因素调节机制研究

除了从社会文化因素如家庭特征（Lenzen 等，2006），以及主观心理因素如环境价值观（Garling 等，2003；Steg 等，2005）、环境态度（Egmond 等，2005；Oikonomou 等，2009）及主观规范（Scott 等，2000；Reiss 等，2006；Abrahamse 和 Steg，2009；Thogersen 和 Gronhoj，2010）等角度分析其对居民能源消费行为的影响外，众多学者从宣传教育（Sardianou，2005；Gyberg 和 Palm，2009），政策引导（Breniriir 和 Young，2009），从主体偏好、行为工具以及政策引导角度（郭琪，2007；贺爱忠等，2011）等着手分析其对居民能源消费行为的影响。Guagnano 等（1995）在 ABC 理论中考虑个体因素会影响主体行为的同时，也考虑了外界环境对主体行为的影响，认为外部条件如财政因素、法律环境及社会因素等也将直接影响主体行为。

通过对已有研究的学习、总结和分析发现：

（1）从研究对象上看，有关油价及税收对燃油消费的影响研究大多以交通运输业为主，对于环境税体系设计也是已有研究的重点。有关居民燃油消费影响因素研究，油价及燃油税等因素对居民燃油消费规制效果研究的文献较少。

（2）从研究内容看，对居民能源消费分析较多考虑消费观念、价值偏好、政策引导等因素，缺乏居民能源消费的动因、约束等深层次问题的分析（孙岩，2013）。有关油价对居民燃油消费影响研究，大多以油价上升为背景，较少考虑油价下跌对居民燃油消费影响的不对称。此外，研究油价及燃油税多种因素影响下的居民燃油消费的文献较少。

（3）从研究方法上看，运用经济学方法进行理论研究的较多，综合应用管理学、社会学、行为学理论开展居民燃油消费行为的实证研究的较少。根据存在的宏观经济现象，以及个体认知、态度及行为影响因素，探寻居民燃油消费管理体制的综合性研究较少。

第三节　研究框架

一、地区居民燃油消费演化趋势分析及对比研究

利用东中西部人均燃油消费量收敛性研究我国居民燃油消费水平；利用东中西部地区居民燃油消费增量分解分析，研究影响居民燃油消费增加的主要因素；利用面板数据对比分析东中西部地区居民燃油消费差异。

二、油价与燃油税对居民燃油消费影响研究

通过分析石油价格对居民燃油消费溢出效应，分析讨论油价上升或下降对

居民燃油消费可能存在的不对称效应；讨论不同燃油税率背景下居民燃油消费趋势；讨论油价与燃油税对居民燃油消费的规制效果。

三、多因素影响下的居民燃油消费认知、态度、行为传导路径研究

构建居民燃油消费态度、行为传导路径，分析个人因素（如性别、知识水平、家庭状况等），经济因素（如油价、燃油税、收入水平等），管理手段（如法律法规、限行政策、宣传教育等）对居民燃油消费态度及行为传导机制研究（见图1－1）。

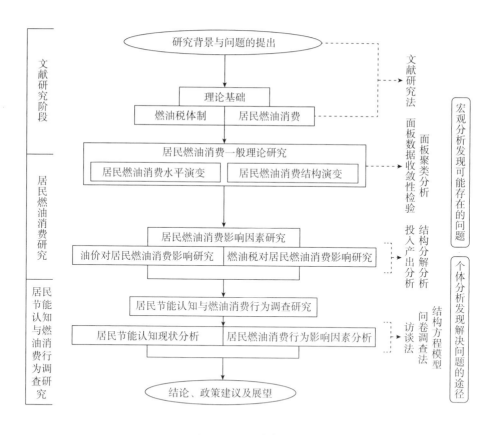

图1－1　研究框架

第四节 研究重点和难点

拟突破的重点有以下几个方面：

1. 石油与居民燃油消费溢出效应研究

探讨油价与居民燃油消费量之间可能存在的协整关系，油价与居民燃油消费的格兰杰因果关系，以及油价对居民燃油消费影响的非线性及非对称性。

2. 不同燃油税率情景下居民燃油消费研究

研究其他要素不变的情况下，不同燃油税率对居民燃油消费的影响；讨论油价波动背景下，不同燃油税率对居民燃油消费的影响。

3. 构建居民燃油消费认知、态度、行为传导机制模型

分析个人因素（如性别、知识水平、家庭状况等），经济因素（如油价、燃油税、收入水平等），管理手段（如法律法规、限行政策、宣传教育等）等对居民燃油消费认知、态度及行为的影响。

拟突破的难点有以下几个方面：

1. 油价对居民燃油消费影响的非线性研究

基于 TAR 模型，研究油价与居民燃油消费的非线性协整关系，讨论是否存在门限值 τ，使 Heaviside 示性函数 I_t

满足 $I_t \begin{cases} 1 & \mu_{t-1} \geqslant \tau \\ 0 & \mu_{t-1} < \tau \end{cases}$。

2. 基于动态 CGE 模型的油价及燃油税对居民燃油消费影响分析

分析油价及燃油税对居民燃油消费的影响中，政策假设部分，由于我国燃油税政策推出时间为 2009 年 1 月 1 日，推出时间较短，政策变化有限，这些

都给数据收集造成较大的难度。

3. 基于 SEM 模型的居民燃油消费认知、态度、行为传导机制研究

根据调查结果，探寻居民燃油消费认知、态度对燃油消费行为的影响，对个人因素、经济因素及管理手段对燃油消费行为作用机制研究将是这一部分研究的难点。

第二章 理论基础

第一节 燃油税制

税收是调节收入分配的重要手段，燃油税作为重要的"节能减排"政策，其作用效果历来是研究者关心的焦点，而且随着汽车普及率的急剧上升，这个问题的重要性也与日俱增。国内外研究表明，针对节能减排推出的税收政策能有效地降低对能源的消耗，减少温室气体的排放。税收体现的激励与约束效应是引导市场主体行为的有力杠杆，是强化社会节约意识的有效途径。用税收改变资源的配置和微观主体的利益格局，从而强化生产者的节约意识。但是West（2004）研究美国的燃油税发现其对中高收入的家庭是累退的。面对税收调节的有限性，以及税收的公平性，其他规制居民能源消费行为的政策和措施同样是专家及学者关注的重点。

通过查找文献发现，对于能源税收等相关问题国内外学者有较多的关注，而CGE模型作为一种模拟政策实行效果的有力工具，国内外学者采用CGE模型研究能源税制改革、征收碳税对国家经济、社会、环境等多方面的影响。高颖和李善同（2009）模拟在不同环节征收能源税以及税收返还对能源环境和经济的影响，发现税收返还可以提高能源生产效率，实现"双重红利"。魏巍贤（2009）基于CGE模型研究降低重工业出口退税，对煤炭、石油等化石能源分别征收不同比例资源税，以及调整重工业、第三产业占比等方式对能源环境的影响，发现以价税的形式征收能源税是节能的有效途径，但会对经济增长产生较大的不利影响，考虑结合各种形式补贴；而资源税的征收必须通过税收转嫁机制才能最终影响能源价格，从而达到节能效果。时佳瑞等（2015）采用CGE模型煤炭资源税改革的影响，模拟当以从价计征代替从量计征后，税收改革对GDP产生一定的负向影响，但程度相对有限并且随时间递减；而且改革有利于降低能耗提高煤炭使用。徐晓亮等（2017）也以煤炭资源税改革为例，研究资源税政策调整对减排及环境福利的影响，研究发现煤炭资源税的改革有利于促进减排和环境福利，并且以从价税形式提高煤炭资源税率会部分抑制资源的过度浪费。Xiao等（2015）基于动态递推CGE模型，研究征收不同税率的碳税、SO_2以及NO_x税对中国的影响，发现征收环境税对于宏观经济存在抑制作用，但在长期中效果有所减少；对于企业导致其减少高污染能源需求，使产出下降。

对于征收碳税，Guo等（2014）基于细分的能源部门研究征收碳税对中国经济的影响，发现碳税征收会促进清洁能源产业的发展，但对其他能源行业产生不同程度的抑制效果，导致居民和企业收入和储蓄均会下降；对于宏观经济存在较小的抑制作用，会显著降低碳排放。娄峰（2014）研究碳税征收对我国的宏观经济以及碳减排的影响，发现单纯依靠碳税可以实现碳排放强度的规划目标，提高能源利用效率，但会对社会及居民福利存在抑制作用。因此考虑在能源消费环节征税的同时，并降低居民所得税率，则可以在减少碳排放强度的同时增加社会福利。刘学之等（2017）在研究2020年的碳减排目标情境下，发展碳交易对于中国石化行业的影响，发现碳减排目标对于煤炭、石油等化石能源的约束效应显著，但在40%～50%的减排目标下，会抑制整体经济增长和石化工业发展，也导致能源消费结构有所下降。

近年来随着新能源产业的发展，逐渐有学者开始采用CGE模型研究清洁能源的发展对能源消费、碳排放、社会经济发展的影响。徐晓亮（2018）基于动态CGE模型，分析国家和地方政府实行不同程度的清洁能源补贴对产业发展和环境污染的影响，发现清洁能源补贴改革有利于能源价格改革，改变化石能源和清洁能源的替代弹性，在有效改善能源结构的同时会降低污染排放强度。一些学者在研究中对比分析征收能源税以及发展新能源对于我国的宏观经济、能源消费等各方面的影响。Chi等（2014）模拟在征收碳税和发展清洁能源技术下，2007～2030年我国的能源消费和碳排放的增长情况，模拟结果显示2030年能源消费增长达到3.04倍，碳排放强度增长3.01倍；在能源消费结构中煤炭比例不断下降，而天然气和清洁能源占比则持续上升。张晓娣和刘学悦（2015）对征收碳税和发展可再生能源两种减排政策的经济和福利影响进行量化比较，研究发现相比于征收碳税，发展可再生能源在短期内不利于经济增长，但可以通过促进居民储蓄提高未来的资本和劳动力存量；而征收碳税可以用于扩大公共转移从而拉动短期GDP和收入增加，但增长的长期效应无法持续。

根据上述学者的研究结果可以发现，通过征收不同形式的能源税、碳税，可以通过作用于相应的化石能源价格从而减少企业的能源消费，产生的节能效果相对显著。但同时多数学者的结果显示征收能源环境税，对于经济长期增长以及相应行业发展存在一定的抑制，需考虑征收能源税、碳税的同时，以转移支付的方式减少居民的相应支出，发展清洁能源等方式来实现"双重红利"。

其中对于燃油税制改革所带来的经济环境多方面的影响，国内学者也有较多的研究。在研究方法上大致分为两种，一部分学者采用 GAMS 软件，自行建立相应的模型。庞军等（2008）通过构建的静态 3E - CGE 模型，研究征收燃油税对中国经济的整体影响，发现征收燃油税对经济增长、居民消费和储蓄、石油加工行业的发展起到一定的抑制作用，但却可以显著降低全社会成品油的消费量。乌力吉图（2015）通过创建包含六部门的燃油税 CGE 模型，模拟燃油税率上调对经济、社会、环境等多方面的影响，发现税率上调会降低石油需求，促进节能减排。但同时会损害居民福利以及抑制交通运输等相关产业的发展。李创和刘倩斐（2014）也采用 GAMS 软件，通过引用 42 个行业部门建立环境 CGE 模型，全面研究燃油税改革对经济发展以及相关产业的影响。也发现改革后 GDP 会有所下降，政府收入、储蓄相应增加，在对各个部门的产出影响上，交通运输以及石油相关行业的生产成本显著增加，产量明显减少。

另一部分学者采用的是由澳大利亚的莫纳什大学所研发的 MCHUGE 动态模型，该模型包含 57 个生产部门，可以递推出多年的变化路线。赖明勇等（2008）在该模型的基础上，加入能源要素投入，研究在生产、销售等不同环节征收燃油税所产生的影响，发现在生产阶段征收燃油税产生的影响最大，社会福利和就业水平的下降幅度，以及工业生产的节能效果均高于批发和零售阶段。肖皓（2009）也采用 MCHUGE 动态模型，模拟在发生金融危机后，征收燃油税对经济活动以及生态环境等多方面的影响，发现征收燃油税降低了 GDP，产生的节能效果虽然明显，但却阻碍了交通运输等行业的发展，并且在长期中对社会经济发展仍存在抑制作用。根据上述学者的研究结果可以发现，作为能源税收的一种，征收燃油税通过作用于油价也可以有效规制居民的燃油消费，但对交通运输等行业的发展存在一定程度的阻碍，并且对于社会以及居民福利水平的增加均存在一定的抑制作用。仅依靠调整燃油税率难以实现"双重红利"。

上述学者的研究内容多集中于燃油税率调整带来的相关影响，在构建有关燃油税的 CGE 模型时并没有考虑油价变化，并且在研究方法上多采用单一的宏观经济模型。而在实际生活中为规制居民燃油消费，油价上调时有发生。相比于征收燃油税，政府通过调整油价更直接作用于调节燃油消费。因此在参考上述学者研究的基础上，本书决定结合使用 CGE 模型和微观计量模型，先采用 GAMS 软件，通过构建递推动态 CGE 和静态 CGE 模型，从宏观角度对比分析在油价变化和税率调整的双重影响下，短期和长期中居民燃油消费的变化情况。接着借助 Stata14.0 构建全国 30 个省份的面板回归，从微观角度研究油价等相关变量对居民燃油消费的具体影响，为政府在现阶段如何有效规制居民燃油消费提供一定的建议。

第二节　石油价格研究

作为影响能源消费的直接因素，能源价格受到国内外不少学者的关注。相关学者的研究结果表明能源价格不单只作用于能源消费，对于能源消耗强度、碳排放、生产效率以及整体的宏观经济均存在相应的影响。不仅国内能源价格，国际能源价格也对我国社会经济多方面存在影响，在影响途径上也存在多样化。通常认为能源价格会通过劳动力市场的扩散、投资的不确定性以及通货膨胀等方面影响经济社会的发展。牟敦果和王沛英（2017）研究发现能源价格在宏观上对经济的影响较小，但在中观的产业层面上，会对产业的营业收入、利润和股票价格有着复杂的影响。

在能源价格对能耗、能源强度的影响方面，樊茂清等（2012）研究发现能源价格变化、技术变化显著影响我国的能源强度，其中 33 个部门的能源强度的价格弹性为负，能源价格的上涨可以有效降低能源强度，并且不同产业所受影响也存着差异，对于公共服务业、食品以及烟草加工、木材加工等行业存在较强影响，并且在影响时间上，滞后一期的能源价格对当期影响最大，随着滞后增加影响逐渐减弱。揭水晶和何凌云（2014）从技术效率的角度研究发现，能源价格相对指数可以通过调节能源技术效率等其他变量间接作用于能耗，存在间接应先路径。价格相对指数可以通过影响技术效率、经济产出、产业结构等因素从而降低能耗；并且分解能源价格指数对于技术效率的影响存在着"对称"效应。只有处于高水平的能源价格才可以通过提高技术效率来降低能耗。杨福霞等（2018）则研究能源价格对全要素生产率的影响，通过对全要素生产率（ETFP）的变动进行分解，发现相比于外生性技术进步、环境技术效率，能源价格导致的技术进步对 ETFP 的影响较小，并且在不同地区这种影响存在差异；并且在影响因素上，能源价格诱导技术进步更加促进 SO_2 减排，而对 GDP 的变动影响较小。

在对碳排放的影响上，何凌云和林祥燕（2011）通过建立直接效应、调节效应、空间状态模型等研究发现，能源价格的上涨对于碳排放存在一定的抑制作用，并且能源价格存在通过影响经济总量来调节碳排放的间接路径。考虑通过优化产业结构，降低重工业占比，从而减少能耗实现减排。在对我国股市的影响方面，郭国峰和郑召锋（2011）采用 GARCH 模型研究发现，国际能源价格对于我国股市的整体影响并不显著，但是对沪、深两个分市场的影响显著，并且对于沪市收益率的影响大于深市。并且对于不同行业的发展也存在着不同影响，其中国际能源价格对与能源相关的化工制品、石油和天然气、基础资源、建筑和材料等行业作用显著，但对其他联系较小的行业并没有显著影响。

也有学者关注能源价格对于其他行业商品价格的影响，石敏俊等（2009）基于城乡投入产出表，研究发现国内能源价格上涨对粮食价格上涨存在一定的影响，但并不占据主导地位。与之相比，能源价格上涨对于 CPI 上涨影响显著，其占比能达到 CPI 涨幅的 76%。有效调控能源和粮食价格对于城乡经济发展意义重大。张欢和成金华（2011）也关注与能源价格和居民消费水平之间的联系，发现居民消费水平的短期上涨会促进能源价格上涨，而到长期则变为负向影响；而能源价格则在长期和短期中均对居民消费水平促进作用。主要由于我国居民人均能源消费量较小，对于能源市场所决定的价格只能被动接受。一些学者研究国际能源价格与我国能源价格之间的联系。王世进（2013）基于格兰杰检验和 VAR 模型，研究发现国际和国内的能源价格之间存在着长期的协整关系，在短期内相比国内，国际能源价格有着较强的引导能力；并且在国内和国际能源价格的波动存在着相互溢出效应，也是国际能源价格波动的溢出效果更显著。刘建和熊燕（2018）则从国内和国外的能源价格差异入手，采用国际面板 PPML 模型研究能源价格差异、比较优势对于我国出口贸易的影响，发现只有当国际能源价格大幅上涨时，国内外能源价格的差异才会有效促进出口增加，尤其是能源密集型产品。而从 2009 年以后能源价格差异的促进作用逐渐减弱。根据上述学者的研究结果可以发现，在复杂的宏观环境中，能源价格的影响绝不单单表现于能源消费上，也会通过作用于其他市场，以及深层次的能源利用效率等作用于宏观经济中的多个方面。

其中对于石油价格的影响也受到不少国内学者的关注。谭小芬等（2015）基于短期约束的 SVAR 模型，研究 1998 ~ 2015 年三种结构性的国际油价变动对中国 37 个工业行业的影响。发现供给冲击、特定需求冲击和金融投资冲击带来的油价上涨会抑制工业发展。而总需求冲击会促进工业产出。陈晓玲和陈登科（2016）也采用 SVAR 模型研究国际石油价格对我国的宏观经济的影响，在非线性石油价格下，发现与以往结果不同的是国家石油价格的上涨对我国经济发展起到促进作用。

随着研究的拓展，一些学者开始关注国际油价对人民币汇率的影响。丁绪辉等（2017）通过误差修正模型和协整检验，发现国际油价和人民币汇率之间存在长期的协整关系，进而又发现两者存在负相关关系。赵茜（2017）通过动态局部均衡资产选择模型，全面分析国际油价变化影响人民币汇率的传导原理及基础路径。发现国家油价对人民币汇率影响主要由石油价格弹性所决定。并且当石油价格下跌时，会使人民币贬值，此时的油价变动对人民币汇率有着持续性的影响。也有学者研究国际油价对我国 CPI 的影响，王敏（2016）发现国际油价是导致我国 CPI 指数变动的格兰杰原因，并且国际油价对我国的 CPI 存在正向的非对称影响。

而对于我国居民能源消费的影响，晁江锋（2018）通过构建 DSGE 模型，研究国际油价变动对我国宏观经济的影响。发现当油价上涨幅度达到 30% 时，对我国企业产出、资本存量、投资以及居民消费的影响较大；而当油价下跌时，对我国宏观经济的整体影响较小。尤其是对居民的石油和非石油消费的影响均相对较小。根据上述学者的研究结果可以发现，石油价格对于我国经济社会多方面的发展均存在不同程度的影响。其中石油价格上涨对于居民石油消费存在一定的抑制作用。查找文献发现，国内学者对于居民燃油消费的研究较少，对于油价对居民燃油消费的影响也同样较少。研究居民燃油消费的影响因素，燃油价格的影响不能忽视。为有效研究燃油价格对于我国居民燃油消费的影响，本部分尝试采用可计算一般均衡模型和微观计量模型，通过包含居民、政府、企业以及国外等多方完整的开放型市场，研究在油价、燃油税率调整下对于居民燃油消费的规制效果、居民福利以及宏观经济发展的影响；并构建全国 30 个省份在内的关于居民燃油消费的面板回归模型，在微观方面研究油价、GDP 等因素与居民燃油消费的具体联系，从而准确了解现阶段油价对于居民燃油消费的影响情况，为政府如何有效调控居民燃油消费提供一定的建议。

第三节　居民燃油消费

查找文献发现，国外学者对石油消费的相关研究近些年有所增加，其中相当一部分学者关注石油消费与经济增长的关系。Park 和 Yoo（2014）、Ziramba（2015）、Alexandar 等（2018）通过先后研究，发现马来西亚、南非、尼日利亚等国的石油消费与经济增长间存在因果关系。也有学者从需求的角度，研究石油需求和国民收入的关系。在研究石油消费的影响因素方面，Narayan 和 Wong（2009）通过完全修正 OLS 估计发现澳大利亚的地区收入对石油消费存在显著的促进作用，而石油价格的影响并不显著。Jia 和 Duan（2017）研究发现中国三大产业的产值对各自的石油消费短期影响显著，并且产业结构的调整会降低石油消费强度。

与国外学者相同的是，国内学者对石油消费的研究也多集中于石油消费和GDP 的关系。张学志和才国伟（2010）、张优智和党兴华（2014）研究我国经济增长和石油消费的因果关系，分别得出了不同的结论。隋建利等（2017）在参考前人研究的基础上，采用 MSC 模型研究发现改革开放后我国石油消费对经济增长表现为非线性驱动作用，但持续时间较短。也有一部分学者关注我国石油消费的影响因素。综合来看，国内外学者对石油消费的研究范围有所接近，而且国内学者对石油等能源消费由以往的线性研究开始转向非线性研究。

作为石油消费的重要组成部分，燃油消费在近些年受到更多国外学者的关注，并且研究的关注点相对较多。一些学者关注于微观的驾驶行为和燃油消费的关系，Yamashita（2018）、Kan（2018）均发现司机采用不同的驾驶行为对燃油消费的影响显著。也有学者关注于燃油需求弹性的变化。对于宏观的燃油消费影响因素的研究，Badi 等（2003）研究法国 21 个地区的汽油消费时发现，汽油消费的一期滞后对当期消费影响显著，而实际油价的影响表现为负。Anne 和 Nicolas（2017）在参考 Badi 等（2003）研究的基础上，进一步发现欧洲 16 个国家的汽柴油消费不仅受到当期 GDP、油价、汽车总量的影响，还受到前期解释变量的影响。

相比于国外学者，国内学者在燃油消费方面的研究相对较少。并且在已有的研究中，多采用时间序列数据，以我国整体的燃油消费作为研究对象。郑玉华和孔盈皓（2017）采用协整方程和误差修正模型研究中国生活汽油消费与汽车保有量的联系，发现二者之间存在着长期的协整关系，并且汽车保有量的增加，显著促进着生活燃油消费的增长。李振宇等（2014）对人均 GDP、城镇化水平以及汽车保有量等 10 多个因素进行主成分分析，预测出我国 2020 年和 2030 年汽柴油的消费量，同样发现在众多因素中汽车保有量对燃油消费量的促进作用最大。卢红等（2014）在研究 1990 ~ 2012 年中国的汽柴油的消费情况的基础上，也采用主成分分析与回归分析相结合的方式，预测出 2015 年、2020 年、2030 年中国的汽柴油消费量，得出了与前两位学者相同的结论。在研究地区燃油消费方面，田国华（2013）研究山西大同市的汽油消费影响因素，通过回归分析研究汽车保有量、人口以及油价等五个因素对汽油消费的影响，同样发现汽车保有量对汽油消费量的影响相对较大，而油价、人口等变量对汽油消费的影响相对较小。

从上述学者的研究结果来看，作为与居民燃油消费联系密切的汽车保有量，对汽柴油消费的促进作用最为显著。2001 ~ 2015 年我国车用汽油消费平均占比达到 46% 以上，占汽油消费总量的比例最大。而全国汽车总量中大多为汽油车，2017 年我国汽油车比例达到 89%。汽车保有量与汽油消费之间表现为互补关系。根据国家统计局数据，自 2001 年来我国居民的汽车拥有量快速增长，在 2012 年以前增速始终保持在 20% 以上，2009 年、2010 年更是达到

30%，居民汽车保量的增加对汽油消费总量的增长起到显著的推动作用。尽管我国的汽车总量增长迅速，但人均汽车保有量依旧相对较低，2016年我国的千人汽车保有量为140辆，显著低于发达国家，如美国为797辆。根据我国目前所处的经济发展阶段，人均汽车保有量以后会继续增加，若不及时采取相应的规范措施，居民对汽油的消费需求在将来依旧难以减少。

因此我国当前提倡发展新能源汽车，推动新能源汽车的研发和生产，2015年新能源汽车的产量比上年增加161.2%，但在汽车市场中传统燃油车仍旧占据着主导地位，2016年全国汽车产量中燃油车的比例依旧高达98.3%，新能源汽车的广泛普及仍需一段较长的时间，并且居民对燃油车的使用偏好短时间内难以改变。因此本书认为现阶段的汽车保有量对居民燃油消费的增长依旧起到促进作用。

除汽车保有量外，GDP作为衡量地区经济发展水平的重要标志，也通常是能源消费增长的主要驱动因素。2015年我国GDP总数为2001年的6.8倍，而汽油消费量为3.2倍，与2012年前GDP增速的变化趋势和汽油消费大体一致，并且GDP的增速明显高于汽油消费，在经济快速发展的推动下，居民的生活水平不断提高，私人汽车拥有量以及使用频率均保持着较高的增速，在此情形下居民对汽油等能源的消费需求持续增长。因此本书认为当前的经济增长对居民燃油消费起到相应的促进作用。而在2015年后，由于受供给侧结构改革的影响，我国的经济增速开始减缓，降到10%以下。并且当前国家倡导"绿色发展"，减少化石能源消耗，以后经济增长和居民的燃油消费之间可能会出现"脱钩"现象，伴随着经济增长，居民的燃油消费会开始下降。

我国面积广阔，不同地区由于经济社会及自然环境的差异，导致能源消费情况也有所不同，单一的时间序列数据难以全面反映我国居民燃油消费的特点，以及可能存在的地区差异。齐绍洲和罗威（2007）、刘畅和崔艳红（2008）先后研究发现我国能源消费强度存在地区差异，申俊等（2016）、孙涵等（2016）也从空间角度证明我国地区居民能源消费存在空间相关性，上述学者的研究进一步表明我国能源消费特征具有多样性，也为本书如何准确了解居民燃油消费的特点提供了一定的启示。

在对我国燃油消费的相关研究中，较少有学者同时关注居民燃油消费的地区差异以及空间影响。因此本书通过收集 2001～2015 年全国 30 个省份居民燃油消费的面板数据，按照不同省份每年的燃油消费量，采用聚类分析的方式对我国的 30 个省份进行分类。结合分类面板回归以及空间面板模型，研究不同地区经济发展状况、燃油价格等因素对居民燃油消费的影响，以及各省份居民燃油消费的空间效应。

第三章 中国居民燃油消费
水平及结构演变研究

第一节 居民燃油消费水平纵向演变研究

借助 Stata14.0 软件,以燃油消费量为划分标准采用类平均法对 30 个省份进行聚类分析,得到图 3-1 所示结果。

根据图 3-1,按照燃油消费量的从低到高,依次分为第一、第二、第三、第四、第五类地区。海南、青海、宁夏属于第一类地区;山西、吉林、重庆、甘肃、江西、贵州、广西、云南、内蒙古、陕西、新疆、天津、黑龙江属于第二类地区;河北、安徽、福建、湖南、北京属于第三类地区;辽宁、浙江、山东、河南、湖北、上海属于第四类地区;江苏、四川、广东属于第五类地区即燃油消费量最大的地区。经过聚类分析,将 30 个省份分成五类地区,各地区内不同省份间燃油消费量相对接近。

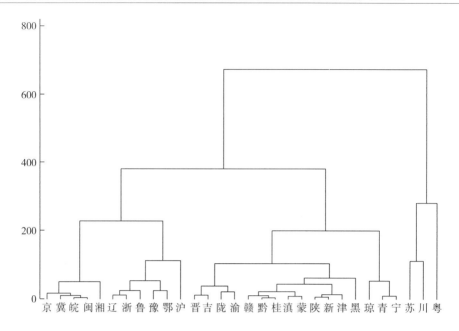

图 3 - 1 全国 30 个省份聚类分析结果

一、区域间燃油消费水平变化

上文将 30 个省份按照汽油消费量划分为五类地区，接下来分别分析五类地区的燃油消费水平在近些年的变化。第一类地区的燃油消费量如表 3 - 1 所示。

根据表 3 - 1，第一类地区的海南、青海和宁夏的燃油消费量在全国相对最少，其中最低的是宁夏，在 2015 年燃油消费量仍不到 40 万吨。通过查找相关数据可以发现，这三个省份的人口总数在全国也相对最少，较低的消费需求是这类地区燃油消费一直处于较低水平的重要原因。

表 3 - 1　2000～2015 年第一类地区燃油消费量　　　单位：万吨

年份 \ 省份	海南	青海	宁夏
2000	30.93	16.31	10.5
2001	31.37	17.61	12.36
2002	35.6	16.1	14.37
2003	19.79	17.16	22.6
2004	34.21	16.81	35.49
2005	39.48	17.5	24.89
2006	33.24	18.39	18.97
2007	46.6	16.42	19.16
2008	38.85	21.38	20.66
2009	47.62	23.17	20.95
2010	52.63	26.19	22.68
2011	60.5	28.97	20.8
2012	65.05	29.91	23.36
2013	72.13	32.85	20.04
2014	80.16	37.17	21.77
2015	92.77	44.96	36.08

第二类地区的燃油消费量如表 3 - 2 所示。

根据表 3 - 2 可知，第二类地区包含 13 个省份，从消费总量来看，除黑龙江 2000 年开始燃油消费量已突破 200 万吨，其余第二类地区内不同省份不同年份之间的消费总量差异较小。从消费增速来看，增速较大的为贵州省，2015 年的消费量为 294 万吨，是 2000 年的 6.32 倍，年均增长速度达到 13.7%；其次为江西省和内蒙古自治区，2015 年的燃油消费量分别为 2000 年的 4.85 和 4.72 倍，其他省份的燃油消费的增长情况则比较接近。从经济增长情况来看，第二类地区内的 13 个省份在全国的 GDP 总量排名中均处于中下游，受经济发展水平的限制，该类地区众多省份的燃油消费量显著低于第三、第四、第五类地区。

表3-2   2000~2015年第二类地区燃油消费量   单位：万吨

省份 年份	山西	吉林	重庆	甘肃	江西	贵州	广西	云南	内蒙古	陕西	新疆	天津	黑龙江
2000	88.8	90.7	65.7	98.4	58.5	46.5	65.9	90.8	64.8	103.5	101.9	112.4	244.0
2001	88.8	93.6	64.1	104.0	60.4	47.8	65.9	111.5	72.1	78.2	86.4	116.3	269.8
2002	89.2	97.0	65.4	97.4	82.2	50.5	84.4	97.6	79.4	95.0	86.7	94.8	258.6
2003	89.3	103.4	65.9	97.8	59.6	58.9	116.7	106.1	96.6	105.4	91.4	106.4	310.2
2004	79.8	111.1	76.4	77.5	61.8	67.2	129.0	111.5	151.3	145.0	110.9	118.7	321.6
2005	95.2	166.9	77.5	86.9	64.5	67.5	146.5	123.0	192.8	196.7	106.7	119.0	312.2
2006	113.4	193.0	86.2	88.0	66.0	78.9	183.7	128.1	211.8	210.7	117.8	127.8	345.3
2007	124.8	203.9	86.5	87.7	70.6	85.7	197.7	158.1	236.1	286.8	124.5	140.2	376.0
2008	236.6	130.3	96.6	50.2	75.7	123.4	202.0	178.9	260.9	219.1	123.7	148.2	279.0
2009	262.4	138.4	90.5	50.1	77.2	130.0	216.3	193.3	279.5	248.5	121.9	181.0	319.4
2010	228.4	166.6	102.6	56.6	155.6	143.4	247.7	232.5	325.7	255.2	131.2	205.1	363.8
2011	216.9	181.5	145.0	58.8	182.8	145.2	259.5	250.3	310.2	279.6	138.6	222.6	466.6
2012	224.6	182.6	144.6	65.8	198.4	158.3	285.2	287.3	302.5	287.0	154.6	253.8	466.0
2013	215.9	178.9	161.7	122.9	236.9	195.4	224.2	280.0	255.2	221.0	209.4	212.2	277.6
2014	202.3	193.4	181.6	129.0	251.6	217.4	244.3	297.3	271.7	229.9	215.8	226.8	314.3
2015	208.5	178.0	200.0	158.2	284.0	294.0	290.9	313.0	305.8	249.5	254.5	263.7	342.1

第三类地区的燃油消费量如表3-3所示。根据表3-3，处于第三类地区的河北、安徽、福建等五省份的燃油消费量在2015年时均已达到400万吨以上，其中增长最快的为安徽省，2015年的燃油消费量为456.6万吨，为2000年的6.66倍，年均增速达到14.0%。从增长幅度看，2015年第三类地区5个省份的消费增幅平均为2000年的4.67倍，明显高于第二类地区的3.18倍。从全国30个省份的GDP排名来看，处于第三类地区中的五省份的GDP总量处于中上游水平，在较快的经济增速下，使近些年第三类地区内省份燃油消费的增幅显著高于前两类地区。

表 3 - 3　2000～2015 年第三类地区燃油消费量　　　单位：万吨

年份＼省份	河北	安徽	福建	湖南	北京
2000	136. 44	68. 54	105. 11	115. 4	106. 6
2001	141. 85	70. 35	106. 35	113. 7	138. 69
2002	147. 41	73. 9	132. 76	134. 63	152
2003	157	76. 7	138. 66	135. 93	165. 22
2004	169. 86	78. 18	192. 15	160. 47	198. 39
2005	221. 91	86. 41	199. 81	271. 88	235. 23
2006	263. 78	97. 8	208. 05	263. 24	278. 16
2007	249. 04	114. 91	264. 17	271. 67	324. 72
2008	211. 11	127. 37	250. 48	231. 8	340. 92
2009	212. 06	140. 4	263. 64	246. 11	363. 61
2010	238. 75	157. 4	333. 2	262. 36	371. 53
2011	305. 74	176. 16	374. 01	295. 05	389. 79
2012	318. 33	250. 64	397. 62	388. 93	415. 9
2013	347. 55	319. 33	409. 56	434. 56	423. 61
2014	314. 64	352. 68	440. 45	456. 8	440. 62
2015	475. 32	456. 6	465. 09	514. 65	462. 75

　　第四类地区的燃油消费量如表 3 - 4 所示。从燃油消费总量来看，第四、第五类地区远大于前三类地区，其中第五类地区中的江苏省和广东省的燃油消费量在 2015 年分别达到了 1003.89 和 1229.09 万吨，也是全国 30 个省份中仅有的两个突破 1000 万吨消费量的省份。其中广东省 2000 年的燃油消费量早已达到 301.16 万吨，在 2010 年突破了 1000 万吨，自此燃油消费量就居高不下。第四、第五类地区中的 8 个省份 GDP 排名在全国多位居前十，经济发展水平在全国相对较高。并且从人口来看，第五类地区中的江苏省和广东省的人口总量位居前二，较高的消费需求下使这些地区的燃油消费量是其他地区难以相比的。

表3-4 2000~2015年第四、第五类地区燃油消费量 单位：万吨

年份	第四类地区				第五类地区			
	辽宁	浙江	山东	河南	湖北	江苏	四川	广东
2000	149.47	196.19	188.52	120.86	169.17	187.3	143.65	301.16
2001	235.79	212.87	188.92	124.03	185.55	247.71	157.96	324.82
2002	236.1	231.44	176.83	119.5	232.78	293.39	171.47	344.58
2003	227.94	262.15	209.51	121.99	292.86	339.17	181.66	375.04
2004	229.18	278.66	233.66	221.95	304.55	364.23	204.02	447.44
2005	357.17	368.53	495.53	234.54	367.43	420.13	224.44	706.22
2006	393.53	404.8	540.58	249.69	421.49	449.51	269.32	771.39
2007	442.12	447.09	572.79	210.9	551.91	481.56	330.44	837.73
2008	410.49	475.36	588.59	191.75	624.23	561.8	375.92	886.9
2009	464.05	508.62	640.91	196.36	559.5	585.66	462.92	957.2
2010	593.17	586.7	802.4	297.49	457.8	749.84	541.82	1086.12
2011	706.61	647.76	806.41	358.53	497.81	827.38	642.08	1207.59
2012	780.84	706.16	811.58	426.92	566.71	935	700	1259.5
2013	658.9	706.14	705.41	556.99	616.05	891.46	818.47	1070.6
2014	704.73	710.38	705.32	529.82	660.05	974.61	829.84	1118.9
2015	742.72	754.05	726.02	676.63	699.92	1003.89	894.98	1229.09

综合来看，全国30个省份的燃油消费总量自2000年到2015年呈现出持续上涨的情形，年均增速多达10%以上。并且不同地区之间燃油消费水平的差异是以各地区的经济社会的发展程度的差异为基础所体现出来的。

二、区域间燃油消费收敛性分析

根据燃油消费量，通过聚类分析将30个省份进行分类，但从燃油消费量看，同类地区中的不同省份之间较为接近。但是分类后的同一地区中的不同省份，在经济发展水平、人口、汽车保有量等多个方面仍存在较大的差异，燃油消费量每年的变化情况也会有所不同。单凭燃油消费量比较不同地区燃油消费的差异明显不足，所以本书在此通过σ-收敛公式，计算出这五类地区每年燃

油消费量的 σ - 值，根据 σ - 值的变化情况，进一步对比分析不同地区燃油消费的差异。

计算 σ - 收敛的计量检验方程为：

$$\sigma_t^2 = \frac{1}{n}\sum_{i=1}^{n}\left(\log y_{i,t} - \frac{1}{n}\sum_{i=1}^{n}\log y_{i,t}\right)^2 \qquad (3-1)$$

其中，$y_{i,t}$ 表示的是第 i 个省份，在时间 t 年的燃油消费量；σ_t 表示的是在时间 t 年每类地区内各个省份燃油消费量对数 $\log y_{i,t}$ 的标准差。如果随着年份 T 的增加，$\sigma_{t+T} < \sigma_t$ 则说明该地区燃油消费呈现 σ - 收敛；如果 $\sigma_{t+T} > \sigma_t$，则不呈现 σ - 收敛。按照 σ - 收敛的计量方程分别计算出五类地区 2001 ~ 2015 年的 σ - 系数，结果如图 3 - 2 所示。

图 3 - 2 五类地区 σ - 收敛分析结果

根据图 3 - 2，第一类地区的 σ - 值在五类地区中变化幅度最大，在 2002 ~ 2003 年和 2007 ~ 2008 年和 2014 ~ 2015 年这三个时间段出现收敛趋势，其余时间段均呈现发散，从整体上看，第一类地区 σ - 值由 2001 年的 0.13 下降到 2015 年的 0.1，燃油消费量差距有所减小，但依旧为五类地区中最大；第二类

地区的 σ – 值在 2002 ~ 2009 年呈现发散，而在 2009 年之后则呈收敛趋势。说明该地区内 13 个省份燃油消费量的差距在 2009 年前有所增加，之后大幅度减小；其中第三类和第五类地区 σ – 值变化曲线比较接近，这两类地区的 σ – 值都在 2005 年之前有所增加，而在 2005 年以后 σ – 值逐步下降。反映出燃油消费量都在 2005 年前逐渐发散，之后趋于集中；第四类地区 σ – 值在 2001 ~ 2003 年和 2004 ~ 2008 年呈现发散，2003 ~ 2004 年和 2008 年以后 σ – 值逐渐下降，表现为收敛。

综合来看，除第一类地区外，其他四类地区内各省份燃油消费量在近些年趋于集中。其中第一、第二类地区的 σ – 值明显高于其他三类地区，反映出燃油消费相对较大的地区，燃油消费量更加趋于集中，在未来可能会继续上涨。从 σ – 值的变化曲线看，这五类地区之间的差异较为明显，这表明不同地区间燃油消费确实存在着较大程度的差异。因此，本书接下来通过建立 SEM 模型以及分类面板回归进一步研究。

三、SEM 模型分析

1. 信度、效度检验

在对解释变量进行因子分析，建立 SEM 模型之前，要对本书所选择的全国及五类地区的相关数据进行信度、效度检验。信度检验是检验数据的可靠程度，而本书的效度检验则是通过巴特莱特的球形度检验，检验各解释变量间的相关性。

在 Stata14.0 软件中，对燃油消费量、GDP、燃油价格等相关变量的原数据进行对数化处理，即取对数后的燃油消费量为 ly、GDP 为 $lGDP$、汽车保有量为 $lcar$、人均收入为 $lincome$、燃油价格为 $lprice$、人口数为 $lpop$、城镇化水平为 lUb，共计 6 个解释变量和 1 个被解释变量。再分别对全国及五类地区 6 个解释变量进行信度、效度检验，得到如表 3 – 5 所示结果。

根据表3-5可知，全国以及五类地区相关数据的信度水平普遍较高，除第四类地区信度值为0.7681，其余的信度值均在0.8以上，信度检验均通过。并且根据球形检验的结果，P值均小于0.05，KMO值多在0.6以上，说明解释变量间相关程度较高，具有结构效度，可以进一步做因子分析。

表3-5　信度、效度检验结果

	信度值	球形检验的 P 值	总体 KMO 值
全国	0.8452	0.000	0.613
第一类地区	0.8878	0.000	0.751
第二类地区	0.8553	0.000	0.671
第三类地区	0.8538	0.000	0.685
第四类地区	0.7681	0.000	0.588
第五类地区	0.8919	0.000	0.655

2. 因子分析结果

根据因子分析结果，对于全国数据，6个解释变量可以综合成一个主要因子，给该因子命名为"燃油消费影响因子"，以路径图的形式呈现出燃油消费影响因子与6个解释变量间的具体关系，结果如图3-3所示。

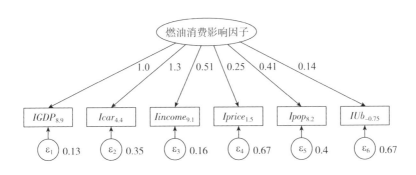

图3-3　全国数据的 SEM 模型结果

根据图 3 - 3 可知，在 6 个解释变量中，汽车保有量和 GDP 这两个变量对燃油消费的影响相对较大，路径系数分别为 1.3 和 1，P 值均通过。而燃油价格以及城镇化水平对消费的影响相对较小，路径系数只有 0.25 和 0.14。总体来看，相比于其他因素，汽车保有量对燃油消费量的增长起到决定性作用，"双积分"政策的实行也正是从根本上调节燃油消费。

再分别对五类地区做出相对应的 SEM 模型，根据结果可知，对于第一类地区，依旧是汽车保有量和 GDP 的路径系数较大，分别为 1 和 0.7。

第二类地区的 SEM 模型结果与第一类地区相似，汽车保有量和 GDP 的路径系数明显大于其余变量，分别为 1 和 0.72。

而对第三类地区建立 SEM 模型发现，除了汽车保有量和 GDP，人均收入对该地区燃油消费的影响也较为显著，这三个变量的路径系数依次为 1.8、1.2 和 1。

第四类地区的路径图结果与前三类地区有所不同，对燃油消费影响较大的 3 个变量为 GDP、人均收入和燃油价格，路径系数依次为 1.8、1.6 和 1。

第五类地区的路径图结果显示，城镇化水平和燃油价格的路径系数相对较大，值为 1.2 和 1。根据 SEM 模型结果，各地区燃油消费的受影响情况有较大差异，本书接下来通过面板回归来进一步研究。

四、面板回归分析

1. 研究变量

本部分的被解释变量为各个省份居民的燃油消费量，考虑到居民多以汽油消费为主，因此本书以各地区的汽油消费量代表居民燃油消费量。解释变量的选择上，GDP 作为衡量地区经济发展水平的重要标志，也通常是能源消费增长的主要驱动因素，而燃油价格以及汽车保有量与燃油消费的联系相对紧密，Badi 等（2003）和 Anne 等（2017）在研究中均选择了油价以及人均汽车拥有量这两个变量。因此，本书选择GDP、燃油价格以及汽车保有量作为核心解释变量。肖宏伟（2014）研究发现城镇化发展对我国地区能源消费增长存在直接影响和间接影响，孙涵等（2016）发现居民消费支出以及人口规模对居民能源消费存在显著的促进作用。在参考上述学者的基础上，本书选择城镇化水平、居民人均消费支出以及人口总量作为控制变量。

2. 面板单位根及多重共线性检验

在Stata14.0中对燃油消费等相关数据进行对数化处理，即对数后的燃油消费为 ly，GDP为 $lgdp$，燃油价格为 $lprice$，汽车保有量为 $lcar$，城镇化水平为 lub，人口规模为 $lpop$，人均居民消费支出为 $lpconsume$。为避免出现"伪回归"，本书采用LLC法对数据进行面板单位根检验，结果见表3-6。

表3-6　面板单位根检验

变量	ly	$lgdp$	$lprice$	$lcar$	lub	$lpop$	$lpconsume$
LLC统计值	-3.854***	-11.051***	-13.291***	-6.392***	-7.108***	-2.178**	0.644
平稳性	平稳	平稳	平稳	平稳	平稳	平稳	非平稳

注：***、**分别表示在1%和5%的水平下拒绝存在单位根的原假设。

根据表3-6，除 $lpconsume$ 外其余变量均在5%的水平下平稳。对解释变量进行多重共线性检验发现，$lpconsume$ 和 $lcar$ 的相关系数均超过0.9，故去掉 $lpconsume$，剩余变量的相关系数均小于0.85，可以认为解释变量间不存在严重的多重共线性。初步建立的面板回归模型如下，其中 $\sum_{i=1}^{2} \alpha_i x_{it}$ 为控制变量。

$$ly_{it} = \beta_0 + \beta_1 lgdp_{it} + \beta_2 lprice_{it} + \beta_3 lcar_{it} + \sum_{i=1}^{2} \alpha_i x_{it} + \varepsilon_{it} \qquad (3-2)$$

3. 整体及分类面板回归结果

Maddala等（1997）研究美国49个州的能源需求弹性时提出，面板数据个体间的差异显著，会导致整体面板回归的系数不准确，有时更适合采用分类异质性回归。Badi 等（2003）在参考 Maddala 等（1997）研究的基础上采用了同质性结合异质性估计的方法，但发现异质性估计会导致回归系数波动较大且可信度较低。因此本书决定采用整体及分地区回归进行初步检验。去除影响系数不显著的控制变量后，最终结果见表 3 – 7。

表 3 – 7　分类面板回归结果

解释变量	被解释变量 ly					
	全国	第一类地区	第二类地区	第三类地区	第四类地区	第五类地区
	Fe	re	re	re	re	re
$lgdp$	0.236**	1.286***	0.648***	1.050***	− 0.926***	0.244
	(1.99)	(7.64)	(5.03)	(6.40)	(− 4.32)	(1.40)
$lcar$	0.168***	0.447***	0.044	− 0.190**	0.410***	0.098
	(2.63)	(− 4.39)	(0.60)	(− 2.06)	(3.62)	(1.21)
$lprice$	− 0.006	− 0.560	− 0.406***	− 0.583***	0.998***	0.463**
	(0.07)	(− 1.62)	(− 2.72)	(− 2.96)	(6.05)	(2.43)
lub	0.401*	—	—	1.079***	2.178***	0.573*
	(4.18)			(− 2.30)	(5.63)	(1.69)
$lpop$	0.529*	—	—	—	1.544***	0.487**
	(5.06)				(5.94)	(2.17)
c	− 1.036*	− 4.376***	− 0.063	− 1.781	0.995	− 0.964
	(− 4.48)	(− 5.03)	(0.07)	(− 1.09)	(0.79)	(− 0.30)
R^2	0.863	0.710	0.634	0.856	0.825	0.957
样本量	450	45	195	75	90	45

注：***、**、*分别表示在1%、5%和10%水平下显著，（　）中为 t 值。下文同。

根据表 3 – 7 可知，相比于 GDP，全国的居民燃油消费增加是来自人口增长以及城镇化水平提高带来的人口结构变动双重影响下的结果。而汽车保有量的系数为 0.168，且在 1% 的水平下显著。2015 年全国汽车产量中燃油车的比例仍高达 98.6%[①]，说明在当前传统燃油车占据主导的消费市场下，汽车保有

---

① 数据来自《2015 年国民经济和社会发展统计公报》。

量的增加仍对燃油消费增长起到促进作用，也反映出"双积分"政策的实行必要性与及时性。

第一类地区的回归结果与全国相似，GDP 是主要影响因素。该类地区中的海南、青海、宁夏的 GDP 等在全国中处于下游并与其他省份差距较大，经济发展水平较低仍需长期发展，而汽车保有量对该地区的燃油消费的影响表现为正，这也说明在该类地区存在着增加燃油消费增长潜力。

第二类地区显著影响燃油消费的变量为 GDP 和油价，均在 1% 的水平下显著，与第一类地区不同的是第二类地区中油价对居民燃油消费显著为负。表明对该地区内的各省份，可以考虑通过提高油价来规制居民燃油消费增速。居民的人均收入，把经济建设的成果普及到更多人，从而减缓由经济发展过快所导致的燃油消费量的增加。

对第三类地区燃油消费的研究发现，主要影响因素为 GDP（1.050）、城镇化水平（1.079）和燃油价格（-0.583）。与第二类地区相似，该地区中燃油价格的影响为负，但不同于前两类地区，第三类地区中各省的燃油消费受到城镇化水平的促进作用。经济社会的发展主导着该地区内各省份燃油消费的增加。当前，我国经济仍处于发展阶段，各省份的 GDP、城镇化水平在未来势必要继续增加，在短时期内，第三类地区内各省的燃油消费量仍会继续上涨。

第四类地区的回归结果与前几类地区有所不同，对燃油消费量存在促进作用的是城镇化水平（2.178）、人口（1.544）和燃油价格（0.998），而 GDP 的系数值为 -0.926，都在 1% 的水平下显著。与其他地区不同的是，经济发展对该地区内各省的燃油消费作用为负，通过引进先进生产技术，发展新能源汽车产业，有效带动汽车及相关产业的升级改造，拉动经济增长从而可以有效地抑制燃油消费的持续增加。

第五类地区的回归结果显示，显著影响因素为人口（0.487）、城镇化水平 GDP（0.573）和燃油价格（0.463），P 值均通过 5% 的水平检验，并且 R^2

值为 0.957，在 6 组面板回归中最高，模型的拟合结果最为理想。第五类地区包括江苏省、广东省和四川省，均属于人口大省，大量的人口一方面会产生巨大的消费需求，带动汽车、燃油消费量的增长；另一方面如能对其进行有效的规范引导，向消费者宣传使用新能源汽车，促进"双积分"政策的实行，对燃油消费的增长也能发挥有效的抑制作用。

综合分类回归结果，可以发现我国地区居民燃油消费差异较为显著，并且这种差异以各地经济社会发展的差距为基础所体现出来。前三类地区 $lgdp$ 的影响系数均在 1% 的水平下显著为正。而第四类地区的 $lgdp$ 系数显著为负，第五类地区表现为不显著。2015 年第四、第五类地区中有 6 个省份的 GDP 在全国位居前十，郝宇等（2014）研究发现我国能源消费存在环境库兹涅茨曲线，较高的经济发展水平带来的居民燃油消费的增加已开始趋于饱和，在这两类地区均是 lub 的影响系数最大，燃油消费的增加更依赖于较高的城镇化水平。而在燃油消费较少的第一、第二类地区，经济发展依旧是驱动居民燃油消费增长的主要因素。

4. 动态面板分类回归结果

Anne 等（2017）提出研究燃油需求应考虑采用动态模型，因为短时间内居民的消费行为通常不会发生改变。因此，本书通过加入 ly 的滞后一期构造如式（3-3）所示的动态面板模型，来验证上文的回归结果。

$$ly_{i,t} = \beta_0 + \beta_1 ly_{i,t-1} + \beta_2 lgdp_{i,t} + \beta_3 lprice_{i,t} + \beta_4 lcar_{i,t} + \sum_{i=1}^{2} \alpha_i x_{i,t} + \varepsilon_{i,t} \quad (3-3)$$

对五类地区分别进行动态面板回归，结果如表 3-8 所示。

表 3-8　动态面板回归结果

解释变量	被解释变量 ly				
	第一类地区	第二类地区	第三类地区	第四类地区	第五类地区
	re	re	re	re	re
$L.ly$	0.697***	0.854***	0.804***	0.775***	0.787***
	(5.58)	(24.55)	(11.75)	(12.09)	(8.13)

续表

解释变量	被解释变量 ly				
	第一类地区	第二类地区	第三类地区	第四类地区	第五类地区
	re	re	re	re	re
$lgdp$	0.516** (2.50)	0.097** (2.06)	0.297** (2.46)	−0.230 (−1.44)	−0.149 (−1.30)
$lcar$	−0.094 (−0.85)	0.020 (0.91)	−0.082 (−1.40)	0.056 (0.67)	0.034 (0.57)
$lprice$	−0.500* (−1.90)	−0.113 (−1.51)	−0.232* (−1.93)	0.246** (2.00)	0.251** (1.97)
lub	—	—	0.335* (−1.88)	0.650** (2.23)	0.496** (2.23)
$lpop$	—	—	—	0.434** (2.17)	—
c	−1.687* (−1.83)	0.117 (0.43)	−0.908 (−1.44)	−0.136 (−0.17)	2.82** (2.35)
R^2	0.841	0.915	0.950	0.928	0.980
样本量	42	182	70	84	42

根据表3-8可知,五类地区的居民燃油消费的一阶滞后均在1%的水平下显著为正,说明我国居民燃油消费也同样具有一定的消费惯性,当期燃油消费在较大的程度上会受到前期燃油消费的影响。这也间接说明了"双积分"政策实行距离效果显著仍需一段时间。并且在加入 ly 的一期滞后,燃油消费的地区差异仍较为显著,前三类地区的 $lgdp$ 依旧在5%的水平显著为正,而第三、第四、第五类地区的 lub 也显著为正,进一步证明初步回归的结果具有一定的准确性。并且在分离出燃油消费的前期影响后,油价的影响系数也同样表现出地区差异,第四、第五类地区的 $lprice$ 均在5%的水平下显著为正,从侧面反映出燃油消费量较大的地区,居民燃油消费惯性更加显著,仅靠油价难以实现对居民燃油消费的有效规范。因此,在居民燃油消费较大的地区对新能源汽车的推广力度相对更大。2017年NEV市场开放指数排名中,除北京、天津

外其余处于前两个梯度的省份均属于第四、第五类地区①。

5. 整体面板 2SLS 及 GMM 估计

Badi 等（2003）采用 23 种回归方法研究法国的汽柴油消费，结果发现整体 Within - 2SLS 的估计值与真实值的偏差最小。为解决内生性问题，本书将 *ly* 的一期滞后设为工具变量，采用面板 2SLS 及系统 GMM 估计整体面板数据。并依次加入 *lgdp*、*lprice*、*lcar* 的一期滞后，研究前期核心解释变量对当期燃油消费的影响。回归结果见表 3 - 9。

如表 3 - 9 所示，回归方程（3 - 3）的估计结果最为理想，所有解释变量均在 10% 的水平下显著，对残差进行自相关检验发现一阶残差不存在自相关，而二阶残差在 10% 的水平下不能拒绝存在自相关的原假设，满足面板 2SLS 估计的要求。并且 Sargan test 的 P 值为 0.061，在 5% 的水平下不能拒绝工具变量均有效的原假设，可以认为面板 2SLS 的估计结果具有一定的合理性。表 3 - 9 的回归结果验证前文居民燃油消费具有惯性的结论，并且（3）、（4）结果表明当期全国居民燃油消费还会受到前期 GDP 以及油价的显著影响，而（5）、（6）中 *lcar* 滞后一期的系数均不显著，反映出当期的燃油消费和汽车保有量的联系更紧密。通过对整体面板数据进行 2SLS 估计进一步表明我国居民燃油消费是一个动态的连续过程，当宏观的经济环境以及微观的燃油市场产生较大的波动时，不仅影响当前还会对以后的居民燃油消费产生持续性的冲击。

表 3 - 9　整体面板 2SLS 及 GMM 估计

解释变量	被解释变量 ly					
	（1）	（2）	（3）	（4）	（5）	（6）
	2SLS	SGMM	2SLS	SGMM	2SLS	SGMM
L. ly	0.803 *** (17.82)	0.828 *** (10.04)	0.793 *** (17.76)	0.846 *** (13.88)	0.792 *** (17.55)	0.825 *** (10.15)

① 来自 ICET《2017 年中国城市新能源汽车市场开放指数报告》。

续表

解释变量	被解释变量 ly					
	（1）	（2）	（3）	（4）	（5）	（6）
	2SLS	SGMM	2SLS	SGMM	2SLS	SGMM
$lgdp$	0.088 (0.41)	0.155 (1.28)	0.397 * (1.65)	0.447 *** (3.20)	0.399 * (1.66)	0.440 *** (2.79)
$L.lgdp$	−0.293 * (−1.65)	−0.405 *** (−5.17)	−0.750 *** (−3.19)	−0.715 *** (−6.50)	−0.753 *** (−3.19)	−0.662 *** (−4.29)
$lprice$	0.004 (0.07)	−0.004 (−0.19)	−0.237 ** (−2.12)	−0.206 *** (−4.87)	−0.236 ** (−2.10)	−0.185 *** (−4.42)
$L.lprice$	—	—	0.353 *** (2.91)	0.243 *** (3.22)	0.357 *** (2.88)	0.216 * (1.80)
$lcar$	0.144 *** (2.63)	0.185 ** (2.26)	0.167 *** (3.05)	0.130 (1.01)	0.138 (0.67)	0.087 (0.63)
$L.lcar$	—	—	—	—	0.027 (0.15)	0.029 (0.25)
其他变量	控制	控制	控制	控制	控制	控制
样本量	420	420	420	420	420	420
AR（1）	0.000	0.001	0.000	0.001	0.000	0.002
AR（2）	0.778	0.734	0.842	0.741	0.829	0.693
Sargan test	0.035		0.061		0.052	
Hansen test		1		1		1

第二节　居民燃油消费水平空间演变研究

一、对居民燃油消费进行空间相关研究

在建立空间面板模型前需要进行空间相关性检验，常用到的是 Moran 检验，公式如下：

$$I = \frac{\sum\limits_{i=1}^{n} \sum\limits_{j=1}^{n} W_{ij}(X_i - \bar{X})(X_j - \bar{X})}{S^2 \sum\limits_{i=1}^{n} \sum\limits_{j=1}^{n} W_{ij}} \qquad (3-4)$$

其中，W_{ij} 表示空间权重矩阵，S^2 表示样本方差。对 2001～2015 年 30 个省份居民燃油消费 ly 进行 Moran 检验，结果见表 3-10。

根据表 3-10，2001～2015 年的 ly 的 Moran 值均在 10% 的水平下显著为正，表明我国居民燃油消费确实存在空间正相关。

表 3-10　Moran 检验结果

年份	2001	2002	2003	2004	2005	2006	2007	2008
Moran's I	0.018*	0.021**	0.011*	0.015*	0.021**	0.021**	0.017*	0.021**
年份	2009	2010	2011	2012	2013	2014	2015	
Moran's I	0.023**	0.037**	0.041***	0.046***	0.038**	0.041***	0.040**	

二、空间权重矩阵的选择

相邻权重矩阵和地理距离权重矩阵是较为常用的两种空间权重矩阵。考虑到各省份间通常存在着经济社会的交互影响，因此本书参考李婧等（2010）在地理距离权重矩阵的基础上设置经济距离权重矩阵。公式如下：

$$W_{ij} = W_d \, diag \, (\bar{X}_1/\bar{X}, \ \bar{X}_2/\bar{X}, \ \cdots, \ \bar{X}_n/\bar{X}) \qquad (3-5)$$

其中，W_d 表示地理距离权重矩阵，$\bar{X}_i$ 表示 2001～2015 年各省份 GDP 的均值，$\bar{X} = \sum\limits_{i=1}^{n} \bar{X}_i/n$ 表示研究期间所有省份 GDP 的均值。本书采用上述 3 种空间权重矩阵进行空间面板回归。

根据空间相关性的来源，空间计量模型通常可以分为空间自回归模型（SAR）和空间误差模型（SEM），在 SAR 模型中空间相关性来源于被解释变量，SEM 模型则是来源于随机误差。在模型选择上，LM - error 和 LM - lag 检验是常用的两种检验方法。本书参照李建伟（2017）采用 OLS 估计得到回归结果，对误差进行 Moran 指数检验以及 LM - error、LM - lag 检验，结果见表 3 - 11。

表 3 - 11　空间计量模型选择相关检验

检验	统计量	P 值
Moran MI Error Test	14. 8833	0. 0000
LM Error	219. 0400	0. 0000
LM Error（Robust）	- 5. 5335	0. 0187
LM Lag	219. 0400	0. 0000
LM Lag（Robust）	- 5. 5335	0. 0187

根据表 3 - 11，Moran 指数检验的结果表明，在 1% 的水平下可以拒绝估计误差不存在空间自相关的原假设，进一步验证上文空间相关性检验结果。LM - error 和 LM - lag 稳健性检验结果表明，在 5% 的水平下可以拒绝滞后变量以及误差不存在空间自相关的原假设，并且 P 值相等，不能准确确定空间相关性来自滞后变量还是误差。而且考虑到居民燃油消费可能会受到周围省份相关解释变量的影响，因此本书决定同时采用空间自相关、空间误差以及空间杜宾模型（SDM）。建立的空间面板模型分别如下：

$$SAR: ly_{i,t} = \beta_0 + \beta_1 W_{ij} ly_{it} + \beta_2 lgdp_{i,t} + \beta_3 lprice_{i,t} + \beta_4 lcar_{i,t} + \sum_{i=1}^{2} \alpha_i x_{i,t} + \varepsilon_{i,t}$$

$$(3 - 6)$$

$$SEM: ly_{i,t} = \beta_0 + \beta_1 lgdp_{i,t} + \beta_2 lprice_{i,t} + \beta_3 lcar_{i,t} + \sum_{i=1}^{2} \alpha_i x_{i,t} + \lambda W_{ij} u_{it} + \varepsilon_{i,t}$$

$$(3 - 7)$$

$$SDM: ly_{i,t} = \beta_0 + \beta_1 W_{ij} \sum_{i=1}^{5} X_{it} + \beta_2 lgdp_{i,t} + \beta_3 lprice_{i,t} + \beta_4 lcar_{i,t} + \sum_{i=1}^{2} \alpha_i x_{i,t} + \varepsilon_{it}$$

$$(3 - 8)$$

其中，在 SDM 模型中，$\sum_{i=1}^{5} X_{it}$ 表示所有解释变量，SAR、SEM 以及 SDM 模型的差别在于空间相关性来自被解释变量、随机误差还是解释变量。

三、空间面板回归结果

本书基于相邻、地理距离以及经济距离三种权重矩阵，分别采用 SAR、SEM 和 SDM 模型研究居民燃油消费的空间效应。在固定效应和随机效应的选择上，Hausman 检验的 P 值均小于 0.05，采用固定效应回归，结果见表 3-12。

表 3-12　空间面板模型回归结果

解释变量	被解释变量 ly								
	相邻权重矩阵			地理距离权重矩阵			经济距离权重矩阵		
	(1)	(2)	(3)	(4)	(5)	(6)	(7)	(8)	(9)
	SDM	SAR	SEM	SDM	SAR	SEM	SDM	SAR	SEM
$lgdp$	0.469*** (3.74)	0.318*** (3.22)	0.793*** (17.7)	0.281*** (2.01)	0.265* (2.55)	0.405*** (3.73)	0.279*** (1.97)	0.291** (2.84)	0.407*** (3.79)
$lcar$	0.069 (1.03)	0.112* (1.98)	0.397* (1.65)	0.112 (1.71)	0.113 (1.95)	0.129* (2.21)	0.119 (1.81)	0.120* (2.09)	0.135* (2.32)
$lprice$	−0.040 (−0.2)	−0.031 (−0.34)	−0.750*** (−3.19)	−0.886 (−1.72)	−0.057 (−0.61)	−0.041 (−0.32)	−1.102* (−2.11)	−0.117 (−1.14)	−0.101 (−0.78)
$W_{ij} \times lgdp$	−1.07*** (−6.41)			−1.19*** (−3.03)			−1.00** (−2.63)		
$W_{ij} \times lcar$	0.29*** (2.90)			0.243 (0.98)			0.228 (0.90)		
$W_{ij} \times lprice$	0.144*** (2.63)			1.162* (2.19)			1.268* (−2.63)		
$W_{ij} \times lpop$	1.05* (2.57)			2.477* (2.33)			1.985 (1.56)		
$W_{ij} \times lub$	1.76*** (4.78)			3.18*** (2.89)			2.800* (−2.63)		
rho	0.19*** (3.33)	0.20*** (3.94)		0.210 (1.55)	0.31*** (2.83)		0.150 (1.15)	0.279** (2.62)	
$lambda$			0.29*** (4.87)			0.36*** (3.01)			0.287** (2.40)
R^2	0.723	0.694	0.820	0.626	0.636	0.768	0.636	0.677	0.779
样本量	450	450	450	450	450	450	450	450	450

根据表 3 - 12，三种权重矩阵中的 SAR 和 SEM 模型的空间相关系数均在 5% 的水平下显著为正，证明我国居民燃油消费确实表现为空间正相关，一个地区的燃油消费会受到其他地区燃油消费量的正面影响，类似于地区经济发展的辐射现象，燃油消费较大的地区同样会带动对周围省份燃油消费的增加。并且空间误差模型中的空间系数均显著为正，且 R^2 值在三种空间面板模型中均为最高。说明居民燃油消费的空间影响因素相对较多，除本书的解释变量外还有其他因素推动着居民燃油消费的空间聚集。

但 SDM 模型的空间相关系数只在相邻权重矩阵下显著为正，表明居民燃油消费受到邻近地区的相关变量的影响更加显著。居民的活动范围由于工作生活的限制通常局限于居住地及周边地区，比起其他地区相邻地区的对居民燃油消费的影响相对更大。并且综合（1）、（4）、（7）的结果可以发现，相比于其他因素周边地区的城镇化水平对一个地区居民燃油消费的影响最大。城市发展程度较高的地区对周边地区存在显著的空间溢出效应，会促进其他地区的基础设施的建设发展进而带动周边省份燃油需求的增加。并且城镇化较高的地区居民燃油消费需求较大，该地区的人员在向外流动的过程中会间接地增加其他地区的燃油消费。

四、动态空间面板回归结果

上文对整体及分地区面板回归先后证实我国居民燃油消费具有动态性。并且上文 SEM 模型结果也表明居民燃油消费的空间相关性受到其他变量的影响。为进一步有效估计居民燃油消费的空间相关性，减少未考虑因素对回归结果的影响。本书参考李婧等（2010）在空间面板模型中加入 ly 的一期滞后建立动态空间面板模型。回归结果见表 3 - 13。

根据表 3 - 13，除（2）外其余 5 组回归的空间相关系数均在 5% 的水平下显著为正，与静态空间面板模型中的系数的正负相一致，结合 R^2 值可以认为动态空间面板回归具有一定的准确性。并且 6 组回归结果中 *ly* 的一期滞后均在 1% 的水平下显著为正，进一步证明我国居民燃油消费确实存在动态性和空间相关性。从解释变量中分离出 *ly* 滞后一期的影响后，在前 5 组动态空间面板模型中，*lcar* 的影响系数仍均在 10% 的水平下显著为正，3 种回归结果均证明当前我国汽车保有量确实对居民燃油消费存在显著的促进作用。进一步证明"双积分"政策的实行对于改变当前的燃油消费市场进而合理规范居民燃油消费意义重大。

表 3 – 13　动态空间面板的回归结果

解释变量	被解释变量 *ly*					
	相邻权重矩阵		地理距离权重矩阵		经济距离权重矩阵	
	(1)	(2)	(3)	(4)	(5)	(6)
	SDM	SAR	SDM	SAR	SDM	SAR
L. ly	0.834*** (24.60)	0.844*** (25.78)	0.848*** (26.14)	0.847*** (26.37)	0.845*** (26.55)	0.851*** (26.76)
$W_{ij} \times L. ly$	−0.060 (−0.79)		−0.241 (−1.48)		−0.279* (−2.00)	
lgdp	0.023 (0.26)	−0.072 (−0.97)	−0.051 (−0.52)	−0.142 (−1.80)	−0.159 (−1.55)	−0.204* (−2.34)
lcar	0.137** (2.78)	0.110** (2.61)	0.120* (2.55)	0.088** (2.06)	0.181* (3.00)	0.074 (1.53)
lprice	−0.158 (−1.07)	−0.055 (−0.88)	−0.157 (−0.45)	−0.085 (−1.34)	−0.192 (−0.54)	−0.166* (−2.33)
$W_{ij} \times lgdp$	−0.112 (−0.81)		−0.039 (−0.16)		−0.135 (−0.42)	
$W_{ij} \times lcar$	−0.042 (−0.55)		−0.024 (−0.17)		−0.299 (−1.55)	
$W_{ij} \times lprice$	0.145 (0.89)		0.130 (0.36)		0.214 (0.58)	
$W_{ij} \times lub$	—		—		2.574* (2.27)	

续表

解释变量	被解释变量 ly					
	相邻权重矩阵		地理距离权重矩阵		经济距离权重矩阵	
	（1）	（2）	（3）	（4）	（5）	（6）
	SDM	SAR	SDM	SAR	SDM	SAR
rho	0.144 ** (2.16)	0.046 (1.08)	0.330 ** (2.92)	0.243 ** (2.67)	0.254 ** (2.29)	0.338 *** (3.92)
R^2	0.949	0.960	0.961	0.947	0.972	0.964
样本量	420	420	420	420	420	420

相比于相邻和地理距离矩阵，在经济距离矩阵的 SDM 模型中周围地区的城镇化水平依旧在 10% 的水平下显著为正，与上文静态空间面板回归结果相一致，进一步证明地区城镇化水平对周边地区燃油消费的促进作用。也说明相比于地理位置，经济社会发展的空间溢出效应更加显著地促进居民燃油消费的增加。因此考虑在各省份城镇化水平较高的地区率先推行发展新能源汽车及节能政策，充分发挥其带动作用从而逐步扩大新能源汽车的推广范围。

第三节　居民燃油消费结构纵向演变研究

考虑到居民以汽油消费为主，上文对居民燃油消费水平的纵向和空间演变研究均采用汽油消费数据。为研究居民燃油消费结构的变化，通过查找 2001～2015 年全国 30 个省份的柴油消费量，通过测算 2002～2015 年全国每年的生活柴油和汽油消费占各自消费总量的比例，进而用各自生活汽柴油消费占比与各省份每年的汽柴油消费总量，从而得到全国 30 个省份从 2001～2015 年的居民汽柴油消费量。最终以各省份居民汽油消费占汽柴油消费总量之比，代表各地区居民燃油消费结构。

通过对 30 个省份的汽油消费占比进行聚类分析，发现可以分为以下四类地区。第一类地区为重庆、吉林、陕西、新疆、甘肃、山西、青海；第二类地区为广西、河北、江西、内蒙古、宁夏、云南、山东；第三类地区为安徽、辽宁、黑龙江、福建、广东、贵州、天津、海南、湖北、河南、浙江、湖南；第四类地区为江苏、上海、四川、北京。按照汽油消费占比，在近些年四类地区中各省份燃油消费结构变化主要表现为三种。

第一类地区的燃油消费结构见表 3 – 14。

表 3 – 14　2001～2015 年第一类地区汽油消费占比

年份＼省份	重庆	吉林	陕西	新疆	甘肃	山西	青海
2001	0.721	0.759	0.671	0.579	0.737	0.732	0.693
2002	0.713	0.756	0.658	0.560	0.702	0.663	0.679
2003	0.714	0.760	0.652	0.585	0.782	0.647	0.707
2004	0.747	0.772	0.716	0.633	0.726	0.615	0.677
2005	0.541	0.807	0.719	0.584	0.679	0.563	0.653
2006	0.582	0.699	0.773	0.531	0.690	0.573	0.683
2007	0.578	0.665	0.793	0.519	0.688	0.581	0.643
2008	0.571	0.511	0.717	0.514	0.587	0.738	0.588
2009	0.528	0.585	0.641	0.536	0.486	0.638	0.485
2010	0.561	0.634	0.638	0.574	0.510	0.606	0.506
2011	0.589	0.626	0.638	0.561	0.483	0.605	0.519
2012	0.556	0.601	0.633	0.577	0.505	0.613	0.502
2013	0.587	0.603	0.576	0.635	0.632	0.610	0.527
2014	0.585	0.642	0.609	0.583	0.548	0.581	0.543
2015	0.640	0.640	0.636	0.631	0.615	0.613	0.599

根据表 3 – 14，从消费结构来看，该类地区的居民燃油消费均以汽油消费为主，在 2001～2015 年全国 30 个省份的汽油消费比例多在 0.5 以上。第一类地区中的七个省份的汽油消费占比在近些年呈现出下降趋势，除新疆地区外，

其余六个省份在近些年的汽油消费占比均显著低于2001年左右。其中降低程度最大的为吉林，由2001年的0.759下降到2015年的0.640。尽管在消费总量上居民燃油消费依然以汽油为主，但近些年第一类地区中七个省份柴油消费增长速度明显快于汽油消费。

第二类地区的燃油消费结构见表3-15。

表3-15　2001~2015年第二类地区汽油消费占比

省份 年份	广西	河北	江西	内蒙古	宁夏	云南	山东
2001	0.525	0.660	0.588	0.722	0.732	0.833	0.577
2002	0.583	0.682	0.606	0.688	0.745	0.676	0.565
2003	0.587	0.708	0.488	0.723	0.821	0.608	0.688
2004	0.626	0.734	0.409	0.737	0.654	0.603	0.559
2005	0.568	0.731	0.454	0.663	0.482	0.570	0.687
2006	0.620	0.637	0.389	0.619	0.467	0.568	0.582
2007	0.637	0.603	0.400	0.587	0.421	0.585	0.581
2008	0.636	0.562	0.453	0.593	0.435	0.602	0.596
2009	0.659	0.559	0.460	0.564	0.408	0.599	0.618
2010	0.671	0.609	0.644	0.600	0.440	0.644	0.672
2011	0.662	0.597	0.624	0.546	0.397	0.598	0.651
2012	0.673	0.579	0.635	0.530	0.436	0.619	0.627
2013	0.609	0.604	0.672	0.512	0.393	0.608	0.583
2014	0.667	0.581	0.628	0.593	0.395	0.653	0.664
2015	0.685	0.695	0.671	0.667	0.525	0.675	0.685

根据表3-15，第二类地区中的广西、河北、江西等七个省份的汽油消费所占比例略高于第一类地区，2015年七个省份居民汽油消费占比均值为0.657。第二类地区中的七个省份的燃油消费结构在近些年的变化存在差异。相比于2001年江西省和广西壮族自治区的汽油消费占比在近些年也呈现出上

升趋势,分别由 2001 年的 0.588 和 0.525 上涨到 2015 年的 0.671 和 0.685;而内蒙古、宁夏、云南 3 个省市自治区的汽油消费占比呈现出下降的趋势。相比之下,河北和山东居民汽油消费占比的变化曲线在近些年较为平稳。

第三类地区的燃油消费结构见表 3-16。

表 3-16　2001~2015 年第三类地区汽油消费占比

年份\省份	安徽	辽宁	黑龙江	福建	广东	贵州	天津	海南	湖北	河南	浙江
2001	0.551	0.748	0.620	0.552	0.512	0.672	0.593	0.627	0.638	0.665	0.548
2002	0.550	0.673	0.618	0.602	0.508	0.598	0.558	0.643	0.683	0.649	0.545
2003	0.563	0.686	0.668	0.592	0.536	0.634	0.602	0.510	0.713	0.671	0.577
2004	0.559	0.707	0.684	0.671	0.574	0.645	0.634	0.656	0.699	0.788	0.580
2005	0.540	0.741	0.636	0.613	0.640	0.616	0.575	0.653	0.713	0.687	0.597
2006	0.576	0.682	0.680	0.622	0.632	0.623	0.605	0.692	0.731	0.688	0.595
2007	0.586	0.690	0.700	0.673	0.645	0.599	0.627	0.687	0.767	0.643	0.611
2008	0.614	0.657	0.644	0.634	0.666	0.685	0.648	0.680	0.768	0.574	0.637
2009	0.591	0.655	0.698	0.659	0.667	0.646	0.665	0.618	0.744	0.535	0.643
2010	0.620	0.714	0.708	0.733	0.703	0.676	0.697	0.628	0.664	0.658	0.690
2011	0.617	0.710	0.723	0.710	0.708	0.647	0.691	0.591	0.720	0.681	0.693
2012	0.675	0.709	0.729	0.721	0.743	0.641	0.708	0.605	0.737	0.689	0.717
2013	0.665	0.660	0.623	0.741	0.714	0.677	0.669	0.625	0.752	0.731	0.730
2014	0.666	0.709	0.709	0.749	0.720	0.670	0.712	0.685	0.743	0.707	0.726
2015	0.722	0.726	0.735	0.773	0.747	0.745	0.749	0.758	0.754	0.762	0.754

根据表 3-16,第三类地区中的安徽、辽宁等 12 个省份的燃油消费结构在近些年呈现出增长趋势,到 2015 年 12 个省份的汽油消费占比均在 0.72 以上,显著高于前两类地区。第三类地区包含了 11 个省份,除辽宁省由 2001 年的 0.748 变动到 2015 年的 0.726 外,其他省份的整体燃油消费结构的变化趋于一致。到 2015 年 8 个省份的汽油消费占比均达到 0.72 以上。说明该类地区

中的众多省份近些年居民汽油增速要高于柴油消费增速,居民对汽油的消费依赖有所增加。从地区经济发展来看,近些年第三类地区中的省份 GDP 排名在全国多处于中上游,较高的经济水平推动着这些地区居民汽车保有量较快增加,进而导致这些地区居民对汽油消费增速显著高于柴油消费。

第四类地区的燃油消费结构见表 3 - 17。

表 3 - 17　2001 ~ 2015 年第四类地区汽油消费占比

年份 \ 省份	江苏	上海	四川	北京
2001	0.640	0.659	0.708	0.809
2002	0.668	0.628	0.683	0.782
2003	0.701	0.691	0.708	0.799
2004	0.713	0.684	0.717	0.835
2005	0.680	0.643	0.682	0.821
2006	0.718	0.704	0.732	0.852
2007	0.708	0.705	0.734	0.844
2008	0.749	0.725	0.755	0.852
2009	0.742	0.743	0.756	0.836
2010	0.796	0.746	0.774	0.841
2011	0.792	0.757	0.804	0.846
2012	0.809	0.770	0.807	0.856
2013	0.800	0.771	0.821	0.876
2014	0.821	0.786	0.795	0.889
2015	0.823	0.807	0.819	0.899

根据表 3 - 17,第四类地区包含了江苏、上海、四川和北京 4 个省市。从燃油消费结构的变化来看,第四类地区的 4 个省市居民汽油消费占比在近些年也表现出增长趋势。在所占比重方面,第四类地区远高于前三类地区,2015 年 4 个省市的汽油消费比均在 0.8 以上,其中北京市自 2004 年达到 0.835 后,始终保持在 0.8 以上。第四类地区中省市的 GDP 排名在全国均位居前列,使

这些地区以汽油消费为主导的居民燃油消费结构日渐稳固。与地区居民燃油消费水平类似，地区居民燃油消费结构的差异也多以地区经济发展水平的差异为基础来体现。

上文分别列举了对四类地区在近些年的燃油消费结构的变化，为进一步比较燃油消费结构相近的地区内部汽油消费占比是否存在收敛性，接下来通过 σ − 系数计算公式，分别计算四类地区自 2001～2015 年汽油消费比的 σ − 系数值。所得结果如图 3 − 4 所示。

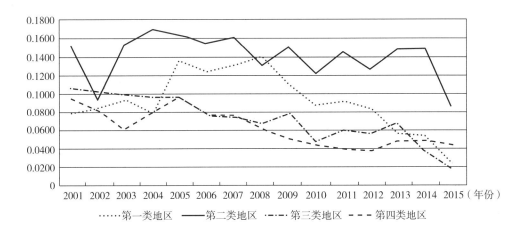

图 3 − 4　区域间燃油消费结构收敛性

根据图 3 −4，除第二类地区的燃油消费结构的 σ 系数值从 2002～2015 年变动相对稳定外，其余三类消费结构的 σ 系数值自 2005 年起均表现出显著的下降趋势。这与上文只有第二类地区中不同省份的汽油消费占比变动存在较大差异相一致。其中第一类地区的 σ 系数值由 2005 年的 0.13 下降到 2015 年的 0.023。说明近些年在这三类地区中的不同省份之间居民燃油消费结构表现出收敛性，各省份居民汽油消费占比的差异逐渐减少。结合上文四类地区各省市自治区的汽油消费占比的变化，反映出近些年随着经济发展多数地区之间居民燃油消费结构的变动表现出显著的一致性。

根据 2001~2015 年不同地区汽油消费占比的变化情况，可以发现不同地区的居民汽油消费占比存在显著的差异。为研究不同地区居民燃油消费结构的影响因素，本部分先按照聚类分析结果，分别构建四类地区的面板回归模型。

在变量的选择上，居民燃油消费结构空间面板回归的被解释变量为 2001~2015 年全国 30 个省份的居民汽油消费占比。在解释变量的选择上，除上文空间面板回归所用解释变量外，将核心解释变量确立为居民燃油消费量。将居民汽油消费占比记为 y^2，其余变量仍与上文一致，初步回归结果如表 3-18 所示。

表 3-18 四类地区居民汽油消费占比回归结果

解释变量	被解释变量 y^2				
	全国	第一类地区	第二类地区	第三类地区	第四类地区
	Fe	Fe	Fe	Fe	Fe
ly	0.182 ***	0.130 ***	0.171 ***	0.137 ***	0.049 **
	(16.49)	(6.58)	(7.07)	(9.57)	(2.08)
lpconstume	-0.003	-0.065 ***	0.039	0.007	0.109 ***
	(-0.23)	(-2.03)	(1.20)	(0.36)	(4.56)
lprice	-0.118 ***	-0.155	-0.294 ***	-0.047 **	0.043 *
	(-6.64)	(-4.91)	(-6.05)	(-2.49)	(1.87)
lpop	0.120 **	0.645 ***	-1.21 ***	0.247 ***	-0.290 ***
	(1.97)	(3.13)	(-3.47)	(4.19)	(-3.49)
lub	-0.204 ***	-0.027	0.211	-0.158 **	-0.314 ***
	(-3.79)	(-0.30)	(1.51)	(-2.47)	(-3.48)
c	-1.222 ***	-4.180 ***	10.025 ***	-2.251 ***	1.643 ***
	(-2.84)	(-2.76)	(3.55)	(-5.42)	(3.38)
R^2	0.130	0.081	0.079	0.069	0.276
样本量	450	105	105	180	60

在回归方式选择上，通过 Hausman 检验 P 值小于 0.05，说明各省份间存在显著的个体差异，因此选择固定效应回归。根据表 3-18，对全国以及四类

地区分别进行面板回归，解释变量中居民汽油消费占比 ly 在结果中均在 1% 的水平下显著为正，说明居民汽油消费的增加会促进汽油消费占比的增大，更加巩固以汽油消费为主的居民燃油消费结构。而人均消费支出 $lpconstume$ 在全国以及第二、第三类地区中均为负且不显著，在第一类地区中显著为负，而在汽油消费占比最大的第四类地区却显著为正，居民燃油消费多用于乘用车的燃料使用，在经济发展水平相对更高，居民消费支出较大的地区，随着生活水平的进一步提高，居民用于能源消费也相应增加。同样可以发现 $lprice$ 在全国的回归结果中在 1% 的水平下显著为负，而在第四类地区却在 10% 的水平下显著为正，说明在居民对汽油消费依赖较大的地区，对于汽油价格的敏感程度较低，当油价上涨时，其他成品油对于汽油的替代作用相对有限。这可能是由于在汽油消费占比较大的地区，居民乘用车中汽油车的比例更高，由此而导致居民的燃油消费结构相对更加偏于汽油，且不易改变。

为减少内生性问题对回归结果的影响，本书加入被解释变量居民汽油消费占比 y^2 的一期滞后，构造动态面板回归模型来验证上文的回归结果，动态面板回归结果见表 3-19。

根据表 3-19，加入 y^2 的一期滞后可以发现，在五类回归结果中 y^2 的一期滞后同样在 1% 的水平下显著为正，类似于居民燃油消费水平，当前的居民汽油消费占比也会受到前期影响，居民燃油消费结构同样具有一定的稳固性，在短时间内难以发生较大的变动，并且在动态面板回归模型下，ly 依旧在 1% 的水平下显著为正，而人均消费支出以及汽油价格等变量在四类地区间的系数结果与静态回归结果较为一致，说明上文回归结果具有一定的准确性。不同地区的居民燃油消费结构不仅存在动态性，而且还有显著的地区差异性，在汽油消费占比较大的地区居民以汽油为主的燃油消费结构更加难以改变，政府实行"双积分"政策来推动新能源汽车产业的发展以及居民消费的推广更要尽早展开。

表3-19　四类地区居民汽油消费占比动态面板回归结果

解释变量	被解释变量 y^2				
	全国	第一类地区	第二类地区	第三类地区	第四类地区
	Fe	Fe	Fe	Fe	Fe
$l.y^2$	0.501*** (13.87)	0.334*** (3.80)	0.460*** (4.84)	0.289*** (4.63)	-0.052*** (-0.41)
ly	0.103*** (9.48)	0.104*** (4.77)	0.098*** (3.62)	0.117*** (8.09)	0.071*** (2.87)
$lpconstume$	0.007 (0.54)	-0.025 (-0.75)	0.010 (0.29)	0.013** (0.70)	0.101*** (3.76)
$lprice$	-0.084*** (-5.97)	-0.126 (-4.01)	-0.181*** (-3.90)	-0.051*** (-2.94)	0.035 (1.61)
$lpop$	0.094* (1.81)	0.423* (1.86)	-0.133 (-0.36)	0.147*** (2.50)	-0.278*** (-3.27)
lub	-0.078 (-1.59)	-0.048 (-0.50)	0.175 (1.21)	-0.149** (-2.27)	-0.330*** (-3.47)
c	-0.979*** (-2.75)	-2.972*** (-1.80)	1.268 (0.43)	-1.545*** (-3.74)	1.535*** (3.11)
R^2	0.339	0.124	0.272	0.131	0.284
样本量	420	98	98	168	56

第四节　居民燃油消费结构空间演变研究

一、对居民燃油消费结构进行空间相关研究

上文通过对各地区居民燃油消费水平进行 Moran 检验，发现我国 30 个省份居民燃油消费存在空间相关性。通过上文聚类分析发现近些年我国多数省份之间居民汽油消费占比的差异逐渐减少，考虑到居民燃油消费结构也可能存在

着空间相关性。因此,本书分别采用邻接矩阵和距离矩阵,对 2001~2015 年全国 30 个省份的居民汽油消费占比进行 Moran 检验,结果见表 3-20。

表 3-20　居民燃油消费结构 Moran 检验

	2001 年	2002 年	2003 年	2004 年	2005 年	2006 年	2007 年	2008 年
Moran's I	-0.001	-0.004	-0.071	-0.111	0.111	0.070	0.153*	-0.029
	2009 年	2010 年	2011 年	2012 年	2013 年	2014 年	2015 年	
Moran's I	0.049	0.144*	0.156*	0.153*	0.028**	0.139*	0.009*	

根据表 3-20,2001~2009 年只有 2007 年的居民汽油消费比在 10% 的水平下显著为正,其余年份均不显著。而 2010~2015 年居民汽油消费比均在 10% 的水平下显著为正。说明自 2010 年起各省份居民的燃油消费结构开始表现出空间相关性,这与前文地区燃油消费结构收敛性分析结果也相一致。居民燃油消费结构 Moran 散点图见图 3-5。

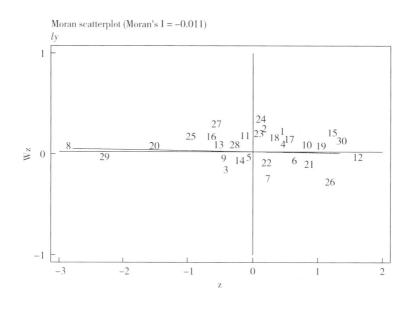

图 3-5　居民燃油消费结构 Moran 散点图

根据图 3 – 5,全国 30 个省份多分布在第一象限,即多数省份之间居民燃油消费结构主要表现为高—高聚集,而第二和第四象限也存在着不少省份,有部分省份之间表现为高—低聚集。为此,本书接下来通过构造居民燃油消费结构的空间面板模型,研究居民燃油消费结构的影响因素。

二、空间面板模型的选择

对 OLS 的估计结果进行 LM – error、LM – lag 检验,结果见表 3 – 21。

根据表 3 – 21,LM – error 和 LM – lag 稳健性检验结果表明,在 10% 的水平下可以拒绝滞后变量以及误差不存在空间自相关的原假设。根据 P 值,空间相关性来自随机误差和解释变量的滞后的可能性较为接近。而且考虑到居民燃油消费结构可能会受到周围省份相关解释变量的影响,因此本书仍同时采用空间自相关、空间误差以及空间杜宾模型(SDM)。

表 3 – 21 空间计量模型选择相关检验

检验	统计量	P 值
LM Error	19. 6799	0. 0000
LM Error(Robust)	2. 7356	0. 0981
LM Lag	19. 7261	0. 0000
LM Lag(Robust)	2. 7818	0. 0953

建立的空间面板模型分别如下:

$$SAR: y_{i,t}^2 = \beta_0 + \beta_1 W_{ij} y_{it}^2 + \beta_2 ly_{i,t} + \beta_3 lprice_{i,t} + \beta_4 lcar_{i,t} + \sum_{i=1}^{2} \alpha_i x_{i,t} + \varepsilon_{i,t}$$

$$(3-9)$$

$$SEM: y_{i,t}^2 = \beta_0 + \beta_1 ly_{i,t} + \beta_2 lprice_{i,t} + \beta_3 lcar_{i,t} + \sum_{i=1}^{2} \alpha_i x_{i,t} + \lambda W_{ij} u_{it} + \varepsilon_{i,t}$$

$$(3-10)$$

$$SDM: y_{i,t}^2 = \beta_0 + \beta_1 W_{ij} \sum_{i=1}^{5} X_{it} + \beta_2 ly_{i,t} + \beta_3 lprice_{i,t} + \beta_4 lcar_{i,t} + \sum_{i=1}^{2} \alpha_i x_{i,t} + \varepsilon_{it}$$

$$(3-11)$$

三、静态空间面板回归

本书基于相邻、地理距离以及经济距离三种权重矩阵，分别采用 SAR、SEM 和 SDM 模型研究居民燃油消费结构的空间效应。首先进行静态空间面板回归，结果见表 3 – 22。

表 3 – 22　空间面板模型回归结果

解释变量	被解释变量 y^2								
	相邻权重矩阵			地理距离权重矩阵			经济距离权重矩阵		
	(1)	(2)	(3)	(4)	(5)	(6)	(7)	(8)	(9)
	SDM	SAR	SEM	SDM	SAR	SEM	SDM	SAR	SEM
ly	0.161 ***	0.166 ***	0.160 ***	0.173 ***	0.171 ***	0.170 ***	0.177 ***	0.172 ***	0.174 ***
	(15.69)	(15.79)	(15.26)	(16.57)	(16.28)	(15.91)	(16.83)	(16.23)	(15.49)
$lpconstume$	0.0482 *	0.0189	0.0294	− 0.0423	− 0.0115	− 0.0075	− 0.0492	− 0.0039	− 0.0120
	(2.18)	(1.32)	(1.59)	(− 1.44)	(− 0.73)	(− 0.32)	(− 1.66)	(− 0.25)	(− 0.52)
$lprice$	− 0.066	− 0.083 ***	− 0.097 ***	0.02	− 0.07 ***	− 0.073 **	0.201	− 0.09 ***	− 0.0940 **
	(− 1.60)	(− 5.15)	(− 4.64)	(1.62)	(− 4.10)	(− 2.62)	(1.62)	(− 5.90)	(− 3.66)
$W_{ij} ly$	− 0.0003			0.0252			− 0.0876 *		
	(− 0.02)			(0.51)			(− 2.07)		
$W_{ij}^* lpconstume$	− 0.054 *			0.0153			0.0709		
	(2.53)			(0.35)			(1.42)		
$W_{ij} lprice$	− 0.0167			− 0.294 *			− 0.276 *		
	(− 0.37)			(− 2.36)			(− 2.19)		
$W_{ij} lpop$	0.0446			0.184			0.244 *		
	(1.73)			(1.78)			(2.04)		
$W_{ij} lub$	0.121			− 0.0020			− 0.007		
	(1.89)			(− 0.13)			(− 0.04)		

续表

解释变量	被解释变量 y^2								
	相邻权重矩阵			地理距离权重矩阵			经济距离权重矩阵		
	(1)	(2)	(3)	(4)	(5)	(6)	(7)	(8)	(9)
	SDM	SAR	SEM	SDM	SAR	SEM	SDM	SAR	SEM
rho	0.309***	0.257***		0.443***	0.503***		0.453***	0.432***	
	(5.89)	(5.64)		(4.27)	(5.54)		(433)	(4.30)	
lambda			0.367***			0.513***			0.518***
			(6.69)			(5.05)			(5.49)
R^2	0.437	0.264	0.386	0.396	0.356	0.361	0.361	0.331	0.337
样本量	450	450	450	450	450	450	450	450	450

　　根据表 3 – 22，在九类回归结果中空间相关系数均在 1% 的水平下显著为正，说明全国 30 个省份的居民燃油消费结构存在显著正向空间相关性。与地区居民燃油消费水平类似，一个地区的邻近地区的居民汽油消费占比增加会带动着该地区居民燃油消费结构的改变。居民燃油消费水平 ly 也均在 1% 的水平下显著为正，地区居民汽油消费总量的增加会逐渐推动着该地区的居民汽油消费比的提高，使居民更加依赖汽油消费。其中在 SAR 和 SEM 模型中，地区汽油价格在 5% 的水平下显著为负，居民燃油消费受燃油市场的价格影响显著，地区汽油价格的上涨，会有效抑制居民汽油消费量，增加对其他成品油相关消费。

　　根据（1）、（4）、（7）三类回归结果，在考虑其他地区的解释变量的影响时，在使用相邻矩阵时，邻接地区的解释变量中只有居民消费支出在 10% 的水平下显著为负。而在地理距离和经济距离两类矩阵下，只有地区汽油价格在 10% 的水平下显著为负。当周边地区的油价普遍升高时，会对该地区中居民燃油消费一定的抑制作用，进而影响居民燃油消费结构。

　　为减少内生性问题对空间面板回归结果的影响，本书加入被解释变量居民燃油消费结构的一期滞后，构造动态空间面板模型，回归结果见表 3 – 23。

表 3 - 23　动态空间面板的回归结果

解释变量	被解释变量 y^2					
	相邻权重矩阵		地理距离权重矩阵		经济距离权重矩阵	
	(1)	(2)	(3)	(4)	(5)	(6)
	SDM	SAR	SDM	SAR	SDM	SAR
$L.\,y^2$	0.535 *** (14.94)	0.532 *** (15.23)	0.550 *** (15.79)	0.544 *** (16.04)	0.550 *** (15.80)	0.558 *** (16.41)
ly	0.091 *** (8.83)	0.089 *** (8.28)	0.091 *** (8.91)	0.089 *** (8.88)	0.073 *** (7.12)	0.086 *** (8.56)
$lprice$	− 0.046 (− 0.26)	− 0.065 *** (− 1.20)	0.018 (0.19)	− 0.041 ** (− 2.78)	− 0.033 (− 0.35)	− 0.055 *** (− 4.04)
其他变量	控制	控制	控制	控制	控制	控制
$W_{ij}L.\,y^2$	− 0.089 (− 1.31)		− 0.132 (− 0.92)		1.584 *** (10.30)	
$W_{ij}ly$	− 0.029 (− 1.45)		− 0.056 (− 1.36)		− 0.291 *** (− 8.39)	
$W_{ij}lpconstume$	− 0.008 (− 0.28)		− 0.0004 (− 0.09)		− 0.302 *** (− 5.12)	
$W_{ij}lprice$	− 0.011 (− 0.26)		− 0.063 (− 0.65)		0.067 (0.68)	
$W_{ij}lub$					1.408 *** (5.53)	
rho	0.261 *** (4.39)	0.162 *** (3.91)	0.483 ** (2.92)	0.470 ** (2.67)	0.753 ** (6.92)	0.607 *** (6.69)
R^2	0.109	0.339	0.447	0.416	0.376	0.116
样本量	420	420	420	420	420	420

　　根据表 3 - 23，在加入居民汽油消费占比的一期滞后，六类动态空间面板回归结果中，居民消费结构的空间相关系数依旧在 1% 的水平下显著为正，进一步验证上文静态空间面板的回归结果。并且汽油消费占比的一期滞后也均在 1% 的水平下为正，与居民燃油消费水平类似，居民燃油消费结构也具有动态

性、连续性。在加入的被解释变量的一期滞后，减少其他未考虑因素对回归结果的影响后，可以发现居民燃油消费水平也仍在 1% 的水平下限制为正，与其他因素相比，居民燃油消费结构与汽油消费量之间的联系更加紧密。

与相邻矩阵和地理距离矩阵相比，在经济距离矩阵中其他地区解释变量的影响相对更加显著，$W_{y}lub$ 的系数在 1% 的水平下为正，说明周边地区的城镇化水平提高，会推动着该地区居民汽油消费占比的增加，相比于地理因素周围城市的经济社会发展对聚集地区居民燃油消费结构的影响更加显著，这一点与居民燃油消费水平的空间影响相类似。经济发展水平较高的城市居民汽油消费的增加，会带动周边地区的燃油消费，进而逐渐巩固以汽油消费为主的燃油消费结构。

第五节 本章小结

一、居民燃油消费水平

通过对我国居民燃油消费的纵向水平研究发现，在近些年各地区的居民燃油消费总量呈现出持续上涨的趋势。其中不同地区之间的消费总量差异较大，通过对全国 30 个省份按照消费总量采用聚类分析可以分为五类地区。

接着通过分类面板回归以及空间面板模型，研究 GDP、汽车保有量、燃油价格等因素对燃油消费的影响，得到以下发现：

根据地区分类面板回归的结果，五类地区的居民燃油消费的一阶滞后均在 1% 的水平下显著为正，说明我国居民燃油消费也同样具有一定的消费惯性，当期燃油消费在较大程度上会受到前期燃油消费的影响。这也间接说明了

"双积分"政策的实行距离效果显著仍需一段时间。我国地区居民燃油消费差异较为显著，并且这种差异以各地经济社会发展的差距为基础所体现出来。前三类地区 *lgdp* 的影响系数均在 5% 的水平下显著为正。而第四、第五类地区表现为不显著。2015 年第四、第五类地区中有 6 个省份的 GDP 在全国位居前十，郝宇（2014）研究发现我国能源消费存在环境库兹涅茨曲线，较高的经济发展水平带来的居民燃油消费的增加已开始趋于饱和，在这两类地区燃油消费的增加更依赖于较高的城镇化水平。相反在燃油消费较少的第一、第二类地区，经济发展依旧是驱动居民燃油消费增长的主要因素。

并且在分离出燃油消费的前期影响后，油价的影响系数也同样表现出明显的地区差异，第四、第五类地区的 *lprice* 均在 5% 的水平下显著为正，从侧面反映出燃油消费量较大的地区，居民燃油消费惯性更加显著，仅靠油价难以实现对居民燃油消费的有效规范。因此，在居民燃油消费较大的地区对新能源汽车的推广力度相对更大。2017 年 NEV 市场开放指数排名中，除北京、天津外其余处于前两个梯度的省份均属于第四、第五类地区①。

通过空间动态面板回归，进一步证实我国居民燃油消费具有显著的动态连续性、地区差异性以及空间相关性。由于居民具有一定的消费惯性，短时间内燃油消费通常不会发生较大改变，因此政府依靠"双积分"政策逐步规范居民燃油消费仍需较长时间，可以考虑制定我国传统燃油车停售表。居民燃油消费的地区差异性显著，并且这种差异性与地区经济社会发展的差异相符合，类似于环境库兹涅茨曲线，在经济发展水平较高地区 GDP 的促进效果并不显著。通过空间面板模型发现居民燃油消费存在空间正相关，并且相比于地理环境，居民燃油消费的空间聚集受到周边地区经济社会发展的空间溢出效应更加显著。

在影响因素方面，当前汽车保有量对居民燃油消费有着不可替代的促进作

---

① 来自 ICET《2017 年中国城市新能源汽车市场开放指数报告》。

用。在 2SLS 估计以及动态空间面板回归中，汽车保有量均对燃油消费表现为显著的促进作用。2017 年我国的汽油消费量与 2016 年相比，增幅为 1.45%，受新能源汽车及节能政策的影响，增长幅度与 2016 年的 3.92% 相比有所下降，说明发展新能源车，可以从根本上对居民燃油消费的进行有效规范。目前我国的新能源车的生产仍处于起步阶段，国内新能源汽车的生产技术仍未娴熟，居民对新能源车的不信任和不熟悉，也使新能源车并没有受到广泛的推广。"双积分"政策对于国内的汽车企业既是个严峻的挑战，也是个重大的机遇。因此政府应给予汽车制造商一定的资金、技术支持，帮助其尽快实现产品的升级和完善，缩短新能源汽车的全面推广所需时间。

二、居民燃油消费结构

通过计算出 2001～2015 年我国 30 个省份居民汽油消费占比，经过聚类分析可以将 30 个省份分为四类地区，除第一类地区外，其余三类地区自 2008 年以来的汽油消费占比的 σ－系数值持续降低，表现为收敛。说明同一区域内的不同省份居民燃油消费结构的变化趋于一致。从总体来看，近年来全国多数省份居民汽油消费占比呈现出增长趋势，与近年来居民燃油消费水平的变化结果相符合，居民汽油消费的持续增加，进一步巩固了当前我国居民以汽油消费为主的消费结构。

在对四类地区分别进行面板回归发现，无论从全国还是四类地区，居民汽油消费水平均对汽油消费占比存在显著的促进作用，其中不同地区居民燃油消费结构的影响因素存在地区差异，在居民汽油消费占比更大的地区，人均消费支出的增加存在更显著的促进作用，而汽油价格等因素的抑制作用相对较小。

对我国居民燃油消费结构进行空间演变研究，测算出 2001～2015 年 30 个省份居民汽油消费占比的 Moran 指数，发现自 2010 年以来不同省份居民汽油消费占比表现出明显的空间相关性，根据 Moran 散点图可以发现多数省份之间汽油消费占比表现为高一高聚集。为此，通过构造静态和动态的空间面板回归模型，研究在三种空间权重矩阵下，燃油消费水平、消费支出、油价等变量对居民燃油消费结果的影响。通过动态空间面板回归，发现与居民燃油消费水平类似，居民燃油消费结构也存在着连续性和空间性，并且无论在静态还是动态空间回归结果中，居民燃油消费水平均在 1% 的水平下显著为正。进一步证明当前我国居民仍旧以汽油消费为主，对于汽油的消费增速快于对柴油等其他成品油。从而使汽油消费水平的作用显著为正。根据当前我国居民的燃油消费结构，可以验证居民汽油消费占据燃油消费的主要部分，因此国家对于居民燃油消费的规制也应集中于汽油消费的调控。考虑通过实行"双积分"政策推动新能源汽车产业的发展，逐渐有效调控居民汽油消费增速尤为可行。但对居民燃油消费结构相关研究也进一步证实居民燃油消费存在依赖，目前燃油消费结构不是短时间内可以改变的，政府的调节工作任重而道远。

根据经济距离矩阵下的回归结果，可以发现不同省份的居民燃油消费结构与燃油消费水平，均会受到周边地区经济社会发展所带来的空间影响，通过影响该地区的居民燃油消费水平进而改变消费结构。

根据本章的研究结果，现为不同地区如何缓解燃油消费压力，改善消费现状提出如下建议：

（1）加快制定我国燃油车停售表。根据本部分的实证分析可知，汽车保有量对燃油消费的影响显著，当前国内汽车消费市场依旧是传统燃油车占据主导地位，距离燃油消费开始下降仍需较长的时间。而荷兰、挪威已决定在 2025 年禁售燃油车，德国、印度也计划在 2030 年全面禁售燃油车。在当前的世界形势下，我国已开始研究燃油车退出时间表，尽早制定出退出时间表，便于我国的汽车企业在未来的科技与产业革命中占得先机，促进国内居民的消费需求及汽车行业的商业模式尽早转变。

（2）与国内的汽车产商进行沟通协商，帮助其尽快完成产品转型升级，推动"双积分"政策的执行。目前我国的新能源车的生产仍处于起步阶段，国内新能源汽车的生产技术仍未娴熟，居民对新能源车的不信任和不熟悉，也使新能源车并没有受到广泛的推广。"双积分"政策对于国内的汽车企业既是个严峻的挑战，也是个重大的机遇。政府应给予汽车制造商一定的资金、技术支持，尽快推动其新能源汽车产品链的建立。

（3）政府增加新能源车试点城市。目前我国推广使用新能源车的试点城市共有 25 个，多分布在各省份的省会地区，在此基础上各省份也应以目前的试点城市为中心，建立各地区新的一批试点城市，逐步实现新能源汽车在各个省份的完全覆盖。通过建立一系列新能源车的会展中心，在出租、网约车等行业推行使用新能源车来进行宣传。

（4）政府对新能源汽车产业结合技术支持等方式提高新能源汽车性价比，降低售后维修成本。对于消费者仅采用价格补贴的方式激励效果相对有限，相比于其他商品居民乘用车的使用周期相对较长，政府推动电动汽车的电池生产实现技术突破，提高电动汽车的平均续航时间，普及充电站等配套设施建设保障居民日常使用的便利化，增加居民对新能源汽车的认可。

第四章　居民燃油消费影响因素研究

第一节　引言

改革开放以来，我国经济快速发展的同时，石油消费量连年增长。其中与居民生活联系较密切的燃油消费量，也随着私家车的逐渐普及而不断增加。2017 年我国的汽油消费量是 1990 年消费量的 6.4 倍。近几年，随着雾霾天气对经济与社会的影响，燃油消费增长也引起了社会的重视。为有效控制国内燃油消费量，以及燃油的大量使用所带来的环境污染，早在 2009 年初我国开始征收燃油税，调高每升成品油的单位价格。但从消费总量来看，2010～2016年每年的汽油消费增速平均达到 9.88%。而居民燃油消费在燃油消费总量中占据较大比例，如何有效规制居民燃油消费已然是政府工作的重点。但是2016 年我国千人汽车保有量为 140 辆，显著低于发达国家如美国的 797 辆，根据目前的经济发展现状，将来居民汽车保有量会继续增长，仅靠调整燃油税率和油价难以显著调控居民的燃油消费水平。并且党的十九大报告中提出"推进能源生产和消费革命，构建清洁低碳、安全高效的能源体系"。合理规制居民燃油消费，引导居民形成新型能源消费结构刻不容缓。

2017年9月28日，工信部等五部委正式发布《乘用车企业平均燃料消耗量与新能源汽车积分并行管理办法》，提出"双积分"政策进一步推动新能源汽车的发展。在此背景下，本书立足于对燃油消费的影响因素进行分析，研究燃油价格、经济发展水平、汽车保有量等因素和燃油消费之间的影响关系。通过准确了解不同地区燃油消费的特点及未来走势，为该政策的实施提供一定的技术支持。进而希望通过合理调整经济和产业结构，逐步降低居民燃油消费量，在能源消费方面实现绿色发展。

第二节　油价对居民燃油消费溢出效应研究

居民以汽油消费为主，理论上在汽油市场中油价与汽油消费之间应表现为负影响，汽油价格的上涨会抑制居民汽油消费的增加。但在实际生活中，汽油价格对居民燃油消费的规制效果相对有限，通常油价的小幅上涨不会导致居民汽油消费出现大幅度下降。以山东省为例，如图4-1所示。

根据图4-1，2001～2015年山东省的汽油消费量以及汽油的年平均价格均呈现持续上涨的趋势。2015年山东省的油价为2001年的2.28倍，而汽油消费为3.84倍，汽油消费的增长幅度明显高于油价，从总量来看汽油消费和油价的变化并不一致。结合汽车保有量的增速可以发现，居民的汽油消费量不只受到汽油市场的影响，油价上涨导致有车居民的消费需求会有所下降，但同时私家车的普及也使更多由无车变为有车的居民消费需求显著增加，使油价的负作用难以显著表现出来。其中我国自2009年起实行燃油税改革，调高成品油的价格，2001～2008 年山东省的平均油价为 3.56 元/升，而 2009～2015 年为 6.25 元/升，在油价的大幅度上涨以及相关的新能源政策的推行下，可以发现 2010 年以后汽油消费增速开始放缓，甚至在 2013 年出现了下降。综合来看，本书认为油价对汽油消费仍旧表现为负影响，但效果可能相对有限。

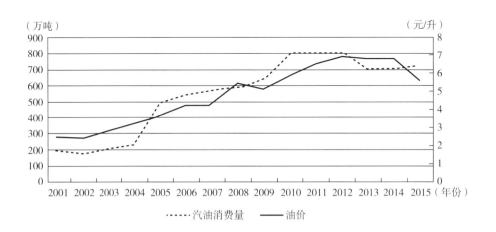

图 4-1   2001～2015 年山东省汽油消费量及油价

为研究油价对居民燃油消费的溢出效果，本节通过构建包含燃油税账户的 CGE 模型，分析在油价变化和税率调整的双重影响下，短期和长期中居民燃油消费的变化情况。在构建 CGE 模型前需要建立社会核算矩阵即 SAM 表，本书所构建的社会核算矩阵共包含 9 个部门，分别为活动、商品、要素、居民、企业、政府、资本、国外和燃油税。选取的生产部门参照徐晓亮（2010）选取的 4 个部门，分别为石油开采业和石油制造业，以及相关的汽车制造业和道路运输业；要素投入方面分为劳动和资本；居民细分为农村居民和城镇居民。燃油税账户本书参考肖皓（2009）的燃油税改革的影响时所采用的折算方法，征收燃油税相当于对消费的成品油征收 17% 的从价税，政府在销售环节征收燃油税，税费由消费者承担。

CGE 模型所用数据以 2012 年的投入产出表为基础，并参照《2014 年中国统计年鉴》《2013 年中国统计年鉴》《2012 年中国财政年鉴》以及在中国统计局上查找到的数据。在数据来源的选择和社会核算矩阵的编制方面参照张欣（2010）、范金等（2010），得到初始的 SAM 表。在 SAM 表的校准方面，借助GAMS 软件，采用交互熵法进行校准，保证行列值相等。模型共包含生产、贸易、居民、企业、政府、国外市场、宏观闭合以及动态机制 8 个部分。

1. 生产

生产部分为两层嵌套，第一层嵌套为总产出由增值和中间投入生产，生产函数为常用的 CES 生产函数。第二层嵌套分为增值和中间投入两部分，增值由劳动和资本两种要素组合生产，生产函数也为 CES 函数，中间投入的生产函数采用列昂惕夫函数。

2. 贸易

贸易部分包含国内生产商品和国内消费使用的商品两部分。国内生产商品由国内自产自销的商品和国内生产出口的商品组成，组合函数为 CET 函数；国内消费使用的商品则分为自产自销的商品和进口商品两部分，两者的组合函数为 Armington 条件函数，假设两类商品之间并非完全相互替代。

3. 居民

本书假设居民收入 YH_h 来自工作和投资所获得的劳动和资本报酬，以及政府、企业和国外的转移支付等 5 个部分。并采用 C – D 生产函数表示居民购买商品所获得的效用，由此推出两类居民 h 对不同商品 c 的消费量 QH_{ch}。其中居民的成品油消费 $QH_{com2,h}$ 中包含燃油税 tvg_h 部分。相关方程如下：

$$YH_h = WLshifhlQLS + WKshifhkQKS + transfrhent(h) + transfrhgov(h) +$$
$$transfrhrow(h), (h \in H) \tag{4-1}$$

$$PQ_cQH_{ch} = shrh_{ch}mpc_h\left[(1-tih)YH_h - PQ_cQH_{com2,h}tvg_h\right], (c \in C, h \in H) \tag{4-2}$$

4. 企业

企业在市场经济中进行投资获得资本回报，社会投资总额为各部门投资之和，企业获得的税前收入在除去交给政府的企业所得税外，剩余部分用于企业储蓄以及转移支付给居民。

5. 政府

本书政府税收 YG 来自对商品生产的增值过程征收的增值税，分别向企业和居民征收所得税，在对外贸易中征收的进口关税，以及征收的燃油税 twg_h 等5 个部分。政府支出 EG 用来购买政府消费品 QG_c，以及转移支付给居民 transfrhgov（h）和国外 transfrrowg。本书将政府净储蓄 GSAV 设为内生决定，不要求政府收支相抵。相关方程如下：

$$YG = \sum_a (tvalWLQLD_a + tvakWKQKD_a) + \sum_h (tihYH_h + tvg_h$$
$$PQ_cQH_{com2,h}) + tientYENT + \sum_c tmcpwm_cQM_cEXR \qquad (4-3)$$

$$EG = \sum_c PQ_c \times QG_c + \sum_h transfrhgov(h) + transfrrowg \qquad (4-4)$$

6. 国外市场

国外市场的支出包括购买国内出口商品以及向国内居民的转移支付；收入则包括向国内进口商品和国内政府对国外的转移支付。本书在对外贸易方面，采用固定汇率体制闭合，将汇率设为外生给定，以 2012 年的汇率为准，国外净储蓄则由模型内生决定。

7. 宏观闭合

本书构建的 CGE 模型采用新古典主义宏观闭合，劳动、资本等要素被全部使用，投资与储蓄相等。在价格基准方面，将劳动价格 WL 设为价格基准，除成品油价格外，其他要素和商品的价格以劳动价格为基准，由模型内生决定。

前 7 个部分构成本书的静态 CGE 模型。为求得模型的基期均衡解，还需得到生产和贸易函数的 P_a、P_a^{ra} 等外生参数，外生参数的选取参照高志远

（2015）给出的 21 个部门的 CES、CET 等函数的替代弹性参数。之后借助 GAMS 软件的基期数据，计算出 α_a^q、δ_a^q 等校调参数，最终求得 2012 年的基期均衡解。

8. 动态机制

动态 CGE 模型时间上设为 2015～2020 年，其中 2017～2020 年为预测期。在动态变量的选取上，参考时间和沈大军（2016）建立水资源动态模型时选择的劳动力、资本、水资源等要素和技术进步率；以及梁伟（2013）采用 CGE 模型研究环境税的影响时选取的劳动、资本和 GDP 等变量。确定本书的动态变量为劳动力和资本要素。动态路径设为劳动力增长和资本积累，每年的劳动力投入为上年的劳动力投入加上劳动力增长；资本积累采取永续盘存法，即每年的资本投入为上年资本投入减去折旧，再加上今年的新增资本投入。本书将劳动力增长率设为 5%，4 个部门的折旧率参照梁伟（2013）给出的 24 个行业的折旧率。

为比价在不同油价下居民燃油消费的变化情况。本书设立如表 4-1 所示的六种模拟情景。

表 4-1　六种模拟情景

模拟情景	
1	成品油价格上涨 5%，但燃油税率不变
2	成品油价格上涨 10%，但燃油税率不变
3	成品油价格不变，但燃油税率上调 5%
4	成品油价格不变，但燃油税率上调 10%
5	成品油油价上涨 5% 的情况下，将燃油税率上调 5%
6	成品油油价上涨 10% 的情况下，将燃油税率上调 10%

如表 4-1 所示，借助 GAMS 软件分别在 2012 年和 2015～2020 年的基期均衡状态的基础上，模拟六种情景下，居民收入、消费以及 GDP 值相比基期

的变化情况，得到表4－2至表4－5所示的模拟结果。其中商品1和商品2分别对应石油加工业和道路运输业的商品。

表4－2　油价调高5％和10％　　　　　　单位:%

调高5％	2012年	2015年	2016年	2017年	2018年	2019年	2020年
农村居民收入	1.436	1.391	1.395	1.400	1.405	1.411	1.417
消费支出	1.446	1.400	1.405	1.410	1.415	1.420	1.427
储蓄	1.412	1.367	1.371	1.376	1.381	1.387	1.393
商品1消费量	－3.394	－3.437	－3.433	－3.429	－3.424	－3.418	－3.412
商品2消费量	－2.432	－2.476	－2.471	－2.467	－2.462	－2.456	－2.450
城镇居民收入	1.909	1.878	1.884	1.889	1.896	1.903	1.910
消费支出	1.930	1.899	1.905	1.911	1.917	1.924	1.932
储蓄	1.878	1.847	1.852	1.858	1.864	1.871	1.879
商品1消费量	－2.944	－2.973	－2.968	－2.962	－2.956	－2.950	－2.942
商品2消费量	－1.977	－2.007	－2.002	－1.996	－1.990	－1.983	－1.976
政府税收	0.681	0.639	0.643	0.647	0.652	0.657	0.662
GDP	－1.752	－1.790	－1.790	－1.790	－1.789	－1.789	－1.788
调高10％	2012年	2015年	2016年	2017年	2018年	2019年	2020年
农村居民收入	2.955	2.862	2.871	2.880	2.891	2.903	2.916
消费支出	2.961	2.867	2.877	2.886	2.897	2.909	2.922
储蓄	2.940	2.847	2.856	2.866	2.876	2.888	2.901
商品1消费量	－6.405	－6.490	－6.481	－6.472	－6.463	－6.452	－6.440
商品2消费量	－4.753	－4.839	－4.830	－4.821	－4.812	－4.801	－4.789
城镇居民收入	3.928	3.864	3.875	3.887	3.900	3.915	3.930
消费支出	3.932	3.869	3.880	3.892	3.905	3.920	3.935
储蓄	3.921	3.857	3.868	3.880	3.893	3.908	3.923
商品1消费量	－5.520	－5.578	－5.568	－5.557	－5.545	－5.532	－5.518
商品2消费量	－3.853	－3.912	－3.901	－3.890	－3.878	－3.864	－3.850
政府税收	1.529	1.445	1.453	1.462	1.471	1.482	1.493
GDP	－3.320	－3.392	－3.392	－3.391	－3.390	－3.389	－3.387

根据表 4 - 2 可知,当成品油价格上调 5% 时,2012 年农村和城镇居民的收入、消费支出以及储蓄分别有所增加。而农村和城镇居民对成品油和道路运输的商品消费量均减少,反映油价上涨确实可以抑制燃油消费的增加,这也说明居民的消费支出的增加是由价格水平上升所致,实际居民的购买力有所下降。并且农村居民对商品 1 和商品 2 的消费量分别减少为 3.394% 和 2.432%,均高于城市居民减少的 2.944% 和 1.977%,反映出农村居民相比于城市居民对价格更为敏感,受购买力限制油价上涨会使其更倾向于减少相关商品的消费。并且 GDP 值下降为 1.752%,油价上涨对经济发展存在负向影响,也间接证明居民的收入水平和储蓄增加是由价格上涨引发的通货膨胀导致。而政府税收增加 0.681%,油价上涨提高了政府的财政收入。

当油价上调 10% 时,农村和城镇居民燃油消费的下降幅度比上调 5% 时平均高出 3.1% 和 2.4%,但居民收入的上涨幅度相比于情景 1 只高出 1.4% 和 2%。可见,当油价的涨幅增大时,产生的节能效果更加显著,但对居民日常生活的不利影响也更大,其中农村居民所受影响比城镇居民更加明显。在情景 2 中,GDP 的下降幅度达到 3.3% 以上,高于情景 1 中的 1.7%,这也表明市场环境的不稳定性越高,对经济增长的影响也更加显著。

在长期中,成品油价格上涨对居民消费和储蓄以及经济增长的影响与短期结果近似。但随着经济增长,成品油价格上涨,农村和城镇居民的收入、储蓄增长的百分比均有增加,在情景 1 和情景 2 中,2020 年农村和城镇居民收入增长幅度均高于 2015 年;并且油价上涨导致农村和城镇居民对商品 1 和商品 2 消费下降幅度也不断减少。表明随着经济社会发展,当居民的收入水平上升到一定阶段后,对物价的敏感程度会有所下降。在情景 1 中,2015～2020 年每年成品油价格上涨所导致的 GDP 的下降程度,均高于短期 2012 年的 0.37%;而在情景 2 中,长期 GDP 的下降幅度比短期高出 0.7%。这也说明长期的物价上涨会严重影响经济增长,并且价格的上涨幅度越大,对经济的抑制作用也更强，政府若想依靠持续的油价上涨来调控燃油消费缺乏可行性。

一、回归模型初步建立

通过构建 CGE 模型，发现油价和燃油税率确实可以抑制居民燃油消费的增加，但作用有限。因此本书进一步通过面板回归，研究油价等相关变量对居民燃油消费的具体影响，更深层次地了解居民燃油消费的特点。因西藏地区的燃油消费量没有查到，将其去掉，因此回归方程中被解释变量为 2001～2015 年全国剩余 30 个省份的燃油消费量，在解释变量的选取上，本书参考申俊等（2016）、刘满芝和刘贤贤（2016），确定将各省份每年的 GDP、油价、汽车保有量、城镇化水平和人均消费支出作为解释变量。数据来源方面，除油价外，其余数据均来自中国统计局，考虑到居民以汽油消费为主，因此燃油消费量以各地区的汽油消费量表示，城市化水平以各地区城镇人口占总人口的比例表示，GDP、人均消费支出折算成 2001 年的不变价。油价数据主要来自卢向前（2001）、萧芦（2013），以 90 号汽油的年平均价格表示。

在 Stata14.0 中对数据进行对数化处理，即取对数后的燃油消费量为 ly，GDP 为 $lGDP$，油价为 $lprice$，城镇化水平为 lUb，汽车保有量为 $lcar$，人均消费支出为 $lpconsume$，得到如下所示初步构建的回归方程：

$$ly_{it} = \beta_0 + \beta_1 lGDP_{it} + \beta_2 lprice_{it} + \beta_3 lUb_{it} + \beta_4 lcar_{it} + \beta_5 lconsume_{it} + \varepsilon_{it} \qquad (4-5)$$

二、面板单位根及多重共线性检验

在进行面板回归前，需对各变量进行面板单位根检验，保证数据的平稳性，避免出现"伪回归"。在方法上本书采用 LLC 法，得到表 4-3 的检验结果。

根据表 4-3，除人均消费支出外，其余变量的数据均表现为平稳。但经过面板协整检验，发现被解释变量 Ly 和 lpconsume 之间存在协整关系，解释变

量 *lpconsume* 可以加入回归方程。对解释变量进行多重共线性检验发现，*lGDP* 和 *lcar* 之间的相关系数超过 0.9，综合考虑去掉 *lcar*，剩余的解释变量之间的相关系数均小于 0.85，可以认为解释变量间不存在严重的多重共线性。

表 4 – 3　面板单位根检验

变量	*ly*	*lGDP*	*lprice*	*lUb*	*lcar*	*lpconsume*
LLC 统计值	– 5.9424 ***	– 11.2632 ***	– 15.8880 ***	– 6.9172 ***	– 7.3600 ***	– 0.1604
平稳性	平稳	平稳	平稳	平稳	平稳	非平稳

注：*** 表示在 1% 的水平下拒绝存在单位根的原假设。

三、回归结果分析

在面板回归模型的选择上，经过豪斯曼检验，发现 P 值为 0.1272，因此不能拒绝原假设，认为各省份间的个体特征并不显著，应采取随机效应回归。在回归方式上本书参照程惠芳和陈超（2017）采取逐步回归的方式进行稳健性检验，并加入混合回归形成对照，检验解释变量选择的合理性。回归结果见表 4 – 4。

根据表 4 – 4 的结果，在逐步回归的过程中，油价对燃油消费的抑制作用均在 1% 水平下显著，并且混合回归的结果也显著为负，这一结果与上文 CGE 模型的实证结果相符合。而 GDP 和城市化水平的提高对居民燃油消费表现为促进作用，也均在 1% 的水平下显著。这表明随着经济社会的发展，当前燃油消费的增加是必然要经历的过程。也间接说明了在整个宏观经济中，居民的能源消费不单由能源市场的价格所决定，在市场调控之上有着来自社会国家的宏观影响。

表 4 - 4　逐步回归结果

解释变量	被解释变量 ly			
	（1）	（2）	（3）	（4）
	Re	Re	Re	Pool OLS
$lGDP$	0.752 *** (18.86)	0.874 *** (14.71)	0.869 *** (14.50)	0.923 *** (40.95)
$lprice$	- 0.310 *** (- 4.15)	- 0.256 *** (- 3.35)	- 0.233 *** (- 3.04)	- 0.471 *** (- 5.78)
$lpconsume$		- 0.196 *** (- 2.77)	- 0.303 *** (- 3.72)	- 0.178 ** (- 2.18)
lUb			0.424 *** (2.67)	0.365 *** (3.23)
$cons$	- 0.940 *** (- 3.67)	- 0.365 (- 1.12)	0.898 (1.57)	- 0.361 (- 0.58)
R^2	0.8656	0.8604	0.8714	0.8727
样本容量	450	450	450	450

注：***、**、*分别表示在1%、5%和10%水平下显著，（　）中为 t 值。下文同。

四、分阶段回归分析

我国在2009年1月1日起开始实行燃油税改革。自此，成品油价格中包含着燃油税。并且根据30个省份的面板数据，发现自2009年后各地区的燃油价格明显高于改革前。为从微观角度对比分析改革前后油价对居民燃油消费的影响差异，本书以2009年为界，进行分阶段面板回归，结果见表4-5。

根据表4-5，2009年后油价对燃油消费的影响系数值为0.393，明显高于2009年前的0.296。相比于单独的油价调控，征收燃油税增强了油价对燃油消费的规制效果，这与上文 CGE 模型模拟油价、税率均上调的结果相一致。但同时 GDP 的影响系数由改革前的0.848增长到0.967，城市化水平由0.022增长到 0.580，并且在 5% 的水平下显著。表明油价在提高对燃油消费影响的同时，经济社会发展所带来的宏观影响也在增加，并且更加显著。

表 4 - 5　分阶段面板回归

解释变量	被解释变量 ly		
	2001～2015 年	2001～2008 年	2009～2015 年
	Re	Re	Re
lGDP	0.869 *** (14.50)	0.848 *** (11.92)	0.967 *** (15.15)
lprice	- 0.233 *** (- 3.04)	- 0.296 ** (- 2.48)	- 0.393 *** (- 3.36)
lpconsume	- 0.303 *** (- 3.72)	- 0.002 (- 0.02)	- 0.309 *** (- 3.56)
lUb	0.424 *** (2.67)	0.022 (0.10)	0.580 ** (2.29)
cons	0.898 (1.57)	- 1.692 (- 1.34)	0.410 (0.54)
R^2	0.8714	0.8431	0.8778
样本容量	450	240	210

五、系统 GMM 估计分析

考虑到随机效应模型相比固定效应模型存在不随时间变化的不可观测因素，更易导致内生性问题。为进一步提高回归模型的准确性，本书参考姚昕等（2017）在回归方程中加入被解释变量 ly 的一期滞后作为工具变量，并采用系统 GMM 估计动态面板模型。动态面板模型如下：

$$ly_{it} = \beta_0 + \alpha ly_{i,t-1} + \beta_1 lGDP_{it} + \beta_2 lprice_{it} + \beta_3 lUb_{it} + \beta_4 lconsume_{it} + \varepsilon_{it} \quad (4-6)$$

为对比分析工具变量的有效性，在随机效应模型以及混合回归中均加入被解释变量的一期滞后形成对照，得到表 4 - 6 所示回归结果。

根据表 4-6 可知，燃油消费的一期滞后在三种回归方式中均在 1% 的水平下显著为正。并且在系统 GMM 估计中，对工具变量进行有效性检验，发现差分后的残差存在一阶序列相关，而 AR（2）检验的 P 值为 0.572，在 10% 的水平下不能拒绝原假设，认为残差不存在二阶序列相关，满足进行系统 GMM 估计的要求。并且过度识别检验的 Hansen Test 的 P 值为 1，在 10% 的水平下不能拒绝工具变量有效的原假设，可以认为加入 ly 的一期滞后较为合理。

根据系统 GMM 的估计结果，燃油消费 ly 受滞后一期的影响最为显著，影响系数达到 0.879，明显高于 GDP 以及油价。反映出居民燃油消费具有一定的惯性，当前居民燃油消费在很大程度上会受到之前燃油消费的影响。居民消费受自身购买力的限制，在不发生经济危机以及政府实行重大决策等情况下，短时间内居民消费结构具有一定程度的稳定性。这也为政府规制居民燃油消费提供了方向。政府若想从根本上实现对居民燃油消费的有效规制，还需通过燃油消费市场，触及更深层次的居民以使用传统燃油车为主的消费观这一根本，在目前国内"双积分"政策实行的同时，如何有效宣传、实现居民消费观念的快速转型也是政府现阶段工作的重点。

表 4-6　系统 GMM 估计

解释变量	被解释变量 ly		
	（1）	（2）	（3）
	Re	Pool OLS	SGMM
L. ly	0.884 *** (42.25)	0.884 *** (42.25)	0.879 *** (24.94)
lGDP	0.115 *** (5.25)	0.115 *** (5.25)	0.099 *** (3.54)
lprice	-0.129 *** (-3.34)	-0.129 *** (-3.34)	-0.083 *** (-3.35)
lpconsume	0.018 (0.50)	0.018 (0.50)	-0.029 (-0.37)

解释变量	被解释变量 ly		
	（1）	（2）	（3）
	Re	Pool OLS	SGMM
lUb	-0.021 （-0.41）	-0.021 （-0.41）	0.159 （0.32）
cons	-0.312 （-1.12）	-0.312 （-1.12）	0.344 （0.29）
R^2	0.9761	0.9761	—
样本容量	420	420	420
AR（1）			0.001
AR（2）			0.572
Hansen Test			1.000

第三节　燃油税对居民燃油消费溢出效应研究

模拟成品油价格不变，在政府调高5%和10%燃油税率的情况下居民收支、政府税收以及GDP的结果见表4-7。

表4-7　燃油税率调高5%和10%　　　　　　单位：%

调高5%	2012年	2015年	2016年	2017年	2018年	2019年	2020年
农村居民收入	-0.345634	-0.345622	-0.345627	-0.345629	-0.345607	-0.345612	-0.345628
消费支出	-0.345613	-0.345609	-0.345642	-0.345623	-0.345606	-0.345647	-0.345632
储蓄	-0.345685	-0.345655	-0.345589	-0.345644	-0.345610	-0.345526	-0.345618
商品1消费量	-0.345605	-0.345598	-0.345652	-0.345621	-0.345594	-0.345660	-0.345637
商品2消费量	-0.345625	-0.345625	-0.345625	-0.345625	-0.345625	-0.345625	-0.345625
城镇居民收入	-0.187446	-0.187445	-0.187439	-0.187446	-0.187436	-0.187443	-0.187448
消费支出	-0.187447	-0.187443	-0.187442	-0.187436	-0.187445	-0.187440	-0.187455

续表

调高 5%	2012 年	2015 年	2016 年	2017 年	2018 年	2019 年	2020 年
储蓄	− 0.187445	− 0.187449	− 0.187435	− 0.187461	− 0.187422	− 0.187446	− 0.187437
商品 1 消费量	− 0.187444	− 0.187431	− 0.187429	− 0.187439	− 0.187457	− 0.187455	− 0.187457
商品 2 消费量	− 0.187449	− 0.187451	− 0.187451	− 0.187434	− 0.187437	− 0.187431	− 0.187454
政府税收	0.974209	0.981472	0.981718	0.981935	0.982132	0.982331	0.982565
GDP	− 0.147836	− 0.149360	− 0.149511	− 0.149768	− 0.149959	− 0.150215	− 0.150429
调高 10%	2012 年	2015 年	2016 年	2017 年	2018 年	2019 年	2020 年
农村居民收入	− 0.688879	− 0.688859	− 0.688877	− 0.688868	− 0.688855	− 0.688873	− 0.688872
消费支出	− 0.688869	− 0.688871	− 0.688883	− 0.688880	− 0.688851	− 0.688878	− 0.688885
储蓄	− 0.688904	− 0.688829	− 0.688864	− 0.688839	− 0.688863	− 0.688861	− 0.688841
商品 1 消费量	− 0.688869	− 0.688872	− 0.688891	− 0.688886	− 0.688840	− 0.688883	− 0.688894
商品 2 消费量	− 0.688870	− 0.688870	− 0.688870	− 0.688870	− 0.688870	− 0.688870	− 0.688870
城镇居民收入	− 0.374188	− 0.374185	− 0.374186	− 0.374181	− 0.374184	− 0.374180	− 0.374183
消费支出	− 0.374184	− 0.374168	− 0.374168	− 0.374177	− 0.374180	− 0.374173	− 0.374189
储蓄	− 0.374192	− 0.374210	− 0.374211	− 0.374186	− 0.374189	− 0.374189	− 0.374174
商品 1 消费量	− 0.374179	− 0.374163	− 0.374161	− 0.374185	− 0.374177	− 0.374175	− 0.374183
商品 2 消费量	− 0.374188	− 0.374170	− 0.374173	− 0.374172	− 0.374181	− 0.374172	− 0.374192
政府税收	1.943324	1.957852	1.958362	1.958781	1.959161	1.959578	1.960004
GDP	− 0.294843	− 0.297854	− 0.298254	− 0.298720	− 0.299104	− 0.299570	− 0.300049

　　根据表 4 - 7 可知，与油价相比，燃油税率上调对居民以及国民经济的影响幅度相对较小，但对政府税收的促进作用更显著。与油价相同之处，燃油税率的上调，也确实可以减少居民燃油消费总量，并且对农村居民燃油消费的影响更加显著。在情景 3 和情景 4 中，2012 年农村居民燃油消费的下降幅度分别约为 0.346% 和 0.689%，明显约高于城镇居民的 0.187% 和 0.374%。城镇居民相比于农村居民，私家车的使用频率更高，在实际生活中对成品油的依赖程度更大。受税率调高的影响，对成品油等相关商品消费的减少程度低于农村居民。而农村居民在政府没有实行相应的惠民政策前，受税率上调的影响会更偏向于改变出行方式，减少成品油的消费。

从储蓄和消费来看，无论在短期还是长期，税率上调均使农村居民比城镇居民的福利损失更大。该结果与饶呈祥（2008）研究征收燃油税对农村和城镇居民福利影响的结果相同。并且在情景4中，农村居民的收支、商品消费的减少幅度比城镇居民平均高出0.31%，而在情景3中则为0.15%，反映出燃油税率的上调幅度增大，进一步增加了城镇和农村居民整体福利水平的差距，不利于政府维持社会公平。

并且调高税率，更加直接地实现福利由居民到政府的转移，情景3中政府税收增长均保持在0.97%以上，明显高于油价上涨5%下的0.681%。并且情景4中，更是平均保持在1.95%以上。相比于油价上涨，燃油税率提高对GDP影响较小，税率上涨5%和10%时，GDP的下降幅度分别保持在0.149%～0.15%和0.29%～0.3%，杨德天和王丹舟（2016）研究政府连续上调燃油税率的影响时，同样发现燃油税率上调对我国经济的影响较小。但在情景3和情景4中，长期环境下GDP的减少幅度均有所增加，说明调高燃油税率也并非是一种有效的长期政策。

一、油价、燃油税率双重变化结果

在油价和燃油税率分别上涨5%和10%的背景下，居民收支、政府税收以及GDP的结果见表4-8。

由表4-8可知，在油价和燃油税率分别上涨5%和10%的背景下，居民收支、政府税收以及GDP的变化趋势与表4-7相同，但变化幅度却有所不同。在情景5和情景6中，农村和城镇居民的燃油消费量的下降幅度分别大于情景1、情景3、情景2、情景4，但居民收入、消费支出以及储蓄的上涨幅度分别小于情景1和情景2。相比于燃油税率单独调高导致居民收支，以及商品消费量的全面下降，情景6中居民商品的实际消费量下降最大。反映出油价、税率双升给居民的日常生活带来更大的压力，并且当油价和燃油税率均上调

5%时（情景5），农村居民的收入、储蓄的上涨幅度比城镇居民分别平均少约0.647%和0.639%，对商品实际消费量的减少幅度却比城镇居民高出0.616%和0.622%；并且在情景6中，差距进一步增加到约1.33%和1.22%。说明低收入阶层在消费者群体中属于脆弱部分，该部分人群对价格往往最为敏感，物价上涨对其生活影响通常也最为显著。政府应采取相应的税收减免政策，来保障低收入阶层的日常生活。

表4-8　情景5、情景6模拟结果　　　　单位:%

情景5	2012年	2015年	2016年	2017年	2018年	2019年	2020年
农村居民收入	1.086	1.040	1.045	1.050	1.055	1.060	1.067
消费支出	1.095	1.050	1.054	1.059	1.064	1.070	1.076
储蓄	1.062	1.017	1.021	1.026	1.031	1.037	1.043
商品1消费量	-3.728	-3.771	-3.767	-3.762	-3.757	-3.752	-3.746
商品2消费量	-2.769	-2.813	-2.808	-2.804	-2.799	-2.793	-2.787
城镇居民收入	1.718	1.687	1.693	1.698	1.705	1.712	1.719
消费支出	1.739	1.708	1.714	1.720	1.726	1.733	1.741
储蓄	1.687	1.656	1.661	1.667	1.673	1.680	1.688
商品1消费量	-3.126	-3.155	-3.150	-3.144	-3.138	-3.132	-3.124
商品2消费量	-2.161	-2.191	-2.185	-2.180	-2.174	-2.167	-2.160
政府税收	1.675	1.640	1.644	1.649	1.654	1.659	1.665
GDP	-1.896	-1.935	-1.935	-1.935	-1.935	-1.934	-1.934
情景6	2012年	2015年	2016年	2017年	2018年	2019年	2020年
农村居民收入	2.246	2.153	2.162	2.172	2.182	2.194	2.207
消费支出	2.251	2.159	2.168	2.177	2.188	2.200	2.213
储蓄	2.231	2.138	2.147	2.157	2.168	2.179	2.192
商品1消费量	-7.049	-7.134	-7.126	-7.117	-7.107	-7.096	-7.085
商品2消费量	-5.409	-5.494	-5.486	-5.477	-5.467	-5.456	-5.444
城镇居民收入	3.539	3.475	3.487	3.499	3.512	3.526	3.542
消费支出	3.543	3.480	3.491	3.503	3.516	3.531	3.546

续表

情景6	2012 年	2015 年	2016 年	2017 年	2018 年	2019 年	2020 年
储蓄	3.532	3.468	3.480	3.492	3.505	3.519	3.535
商品1 消费量	-5.874	-5.932	-5.921	-5.910	-5.898	-5.886	-5.871
商品2 消费量	-4.212	-4.271	-4.260	-4.249	-4.237	-4.224	-4.210
政府税收	3.554	3.483	3.492	3.502	3.512	3.523	3.535
GDP	-3.597	-3.672	-3.672	-3.672	-3.671	-3.670	-3.669

当油价和燃油税率均上涨 10% 时（情景6），政府税收的上涨幅度达到最大，平均保持在 3.5% 以上，明显高于前五种情景，最大程度地实现财富向政府的转移。而 GDP 的下降幅度也高于前五种情景，在长期达到 3.67% 以上，燃油税率和油价的双升对经济增长的抑制作用更加显著。这也说明在当前的经济发展阶段，政府在保持每年经济增长的同时，还要依靠调节税率、油价来控制燃油消费量难度很大，从而为发展新能源汽车，进行产业革命提供了可能。

二、居民福利研究

为进一步比较油价上涨和调高燃油税率，在短期和长期中对居民福利的影响，本书在 GAMS 软件中分别计算出六种情景下，农村和城镇居民福利的等价性变化（EV），结果见表 4 - 9。

根据表 4 - 9 可知，从整体上看，油价上涨和燃油税率调高均会导致居民的福利减少，相比燃油税率，油价上涨对居民的福利变化影响更大，这与表 4 - 7 和表 4 - 8 中居民收支、商品消费量的变化情况相符合。根据情景3 和情景4 的福利变化，当只调高燃油税率时，农村居民的福利损失大于城镇居民，进一步证明上文燃油税率对农村居民福利影响更大的结论。当油价上涨时即情景1、情景2、情景5、情景6，城市居民的总体福利损失大于农村居民，城市居民成品油消费量远大于农村居民，油价上涨导致的燃油消费下降幅度虽小于农村居民，但差距较小，因此城市居民对成品油及相关商品减少的消费量也明显高于农村居民，整体福利损失也更大。

　　根据情景 1、情景 3、情景 5 和情景 2、情景 4、情景 6 的分别对比发现，当油价和税率的上调幅度从 5% 增长到 10% 时，居民的福利损失也显著增加，这与上文调高油价的增长幅度促进节能的同时，更加显著降低居民的福利水平的发现也相一致。在长期中，六种情景下农村和城镇居民的福利损失均呈现增长趋势。结合上文观点，无论从经济发展、还是居民福利来看，调高燃油税率，提升油价都只能是一种调节手段，而不能从长远和根本上控制燃油消费量。

表 4-9　居民福利变化　　　　　　　　　　　　　　单位：万元

| 年份 | 居民福利等价性变化（EV） | | | | | |
| | 情景 1 | | 情景 3 | | 情景 5 | |
	农村居民	城镇居民	农村居民	城镇居民	农村居民	城镇居民
2012	-861564.791	-1291260	-110509.086	-102957.651	-969096.087	-1391800
2015	-901280.835	-1325120	-113766.996	-104339.916	-1011930	-1426970
2016	-903089.909	-1327060	-114172.178	-104730.446	-1014140	-1429310
2017	-904626	-1328780	-114556.8	-105113.812	-1016060	-1431400
2018	-906127.673	-1330500	-114956.477	-105518.788	-1017950	-1433520
2019	-907711.025	-1332320	-115390.177	-105961.461	-1019960	-1435790
2020	-909440.527	-1334330	-115870.122	-106452.92	-1022170	-1438280
年份	情景 2		情景 4		情景 6	
	农村	城镇	农村	城镇	农村	城镇
2012	-1634790	-2471080	-220256.9	-205530.053	-1843790	-2667360
2015	-1711290	-2536860	-226750.282	-208289.405	-1926250	-2735650
2016	-1714610	-2540410	-227557.855	-209069.004	-1930360	-2739970
2017	-1717410	-2543510	-228324.448	-209834.301	-1933900	-2743820
2018	-1720130	-2546590	-229121.05	-210642.737	-1937400	-2747700
2019	-1722990	-2549870	-229985.463	-211526.428	-1941110	-2751850
2020	-1726120	-2553460	-230942.046	-212507.505	-1945170	-2756410

第四节　本章小结

为研究油价和燃油税率对居民燃油消费的溢出效应，本章尝试构建递推动态 CGE 模型，研究油价和燃油税率调整对居民燃油消费、收支、福利水平以及国民经济等多方面的影响。

一、油价对居民燃油消费溢出效应

通过构建 CGE 模型，模拟当燃油价格上涨 5% 和 10% 时对居民燃油消费等影响。根据模型结果可以发现，油价上涨对居民燃油消费存在显著的抑制作用，其中相比于城镇居民，农村居民对油价的变化更加敏感，对燃油消费支出的下降幅度明显高于城镇居民。但由于燃油价格上涨导致通货膨胀，农村居民的收入水平的增长幅度小于城镇居民。伴随着油价的上涨，农村居民对相关商品的消费减少更多，但实际收入的增加却相对更少。显而易见，油价上涨对低收入群体的日常生活影响更大。并且油价上涨对 GDP 的增长也存在显著的抑制，在长期中这种抑制作用呈现出增长趋势。但对居民燃油消费的抑制效果却逐年减少。

为进一步验证油价对居民燃油消费的抑制作用，接着通过构建 30 个省市自治区的面板回归模型，从宏观和微观两个方面研究油价和燃油税率对居民燃油消费的影响。通过面板回归，从微观角度研究居民燃油消费的受影响情况，发现当以 2009 年为界，对前后两个时间段分别进行面板回归，可以发现 2009 年以后，油价对居民燃油消费的抑制系数显著增加。通过系统 GMM 估计进一步发现相比于油价，居民燃油消费实际上是由国家所处的经济发展阶段下形成的居民消费结构所决定。

二、燃油税对居民燃油消费溢出效应

根据 CGE 模型结果，从燃油消费量来看，提升油价和税率均可以减少农村和城镇居民的燃油消费。在模型中燃油税的征收采用从价税的形式，燃油税率的提高直接作用于油价上涨。但相比于油价，在提高 5%、10% 税率时的规制效果相对较小。与油价的结果类似，燃油税率的上涨也导致农村居民的相关消费支出的降幅更大。并且燃油税率的提高也会对经济增长起到一定的抑制作用，与之前学者的研究结果相一致，燃油税率的提高在对居民燃油消费起到限制效果的同时，也会抑制经济发展和居民福利的增加。仅依靠调整燃油税率难以实现"双重红利"。

通过分别模拟油价和燃油税率均上涨时对居民燃油消费的规制效果，发现当采用直接和间接方法提高油价时，居民燃油消费的下降幅度最大。但随着经济发展和居民收入的提高，油价及燃油税对居民燃油消费的抑制效果逐年下降。并且在整个宏观市场经济中，任何政策的效果都不具单一性，通过分别计算 6 种模拟情景下居民福利水平的等价性变化，进一步发现提升油价和税率对经济发展和居民福利增加均存在抑制作用，而且在长期中对燃油消费的抑制效应逐年降低，对福利的抑制效应却逐年增加，尤其当税率、油价均上调时，城乡居民遭受的福利损失更大。其中相比于城市居民，农村居民对油价和税率调整的反应更明显，整体福利水平的下降幅度也更大，调高油价和税率也会进一步拉大城乡差距。综合来看，燃油税和油价对居民燃油消费的制约作用有限。燃油税及油价在调控居民燃油消费上并不占据主导位置，也难以从根本上规制居民燃油消费。

改革开放以来，经济快速发展伴随着燃油消费的增长是必然要经历的过程；而随着经济水平的提高，因环境恶化、能源短缺也势必会导致将来燃油消费的降低。居民燃油消费具有一定的惯性，导致政府规制居民燃油消费不会成为一项短期工作。但政府可以在加快制定我国传统燃油车停售表，推动新能源汽车产业发展的同时，通过带动居民实现消费观念的及时转型，逐步改变我国现阶段以传统燃油车为主的汽车消费市场。从而缩短燃油消费由现阶段的减速增长过渡到降低阶段所需时间，避免未来在能源安全方面受制于他国。

根据本章的研究结果，现为政府如何有效借助油价、税率调控居民燃油消费提供如下建议：

（1）调高燃油税率的同时兼顾低收入群体，低收入群体受税率影响福利损失更大，政府在增收成品油消费税后，可以通过增加政府转移支付返还部分税费给低收入者，尽可能减少调高税率给其日常生活带来的不利影响。并且燃油税率变动对居民生活以及国民经济影响较小，政府应以税率调节为主，在保证居民福利损失较少的前提下，制定出较为合理的税率上调幅度，以此来减少燃油消费量，治理"雾霾"等环境污染。

（2）避免油价、燃油税率上调频率、幅度过大。长期的油价上涨、税率上调，不仅导致节能效果下降，更会极大地影响居民消费心理，造成居民对政府工作的不信任和怀疑，引发经济波动和社会不安。政府在调控燃油消费的同时，应考虑到对居民生活的实际影响，合理控制油价、税率上调的间隔时间及调整幅度，实行价格上涨和下调相结合，始终把油价控制在居民可接受的范围内。

（3）建议学习英国和德国，实施燃油汽车逐步返市制度，为我国新能源汽车产业的发展提供资金支持。根据当前的发展情形，新能源汽车取代传统燃油车已是必然趋势。而我国新能源汽车行业正处于发展阶段，距离全面普及仍需较长的一段时间，政府可以把征收的燃油税用于技术完善和规模扩大，推动新能源汽车在全国范围内的覆盖。从而实现在经济和环境的协调发展下，居民福利水平提高的同时，逐渐降低居民燃油消费量。

第五章　居民节能认知、燃油消费及 节能行为传导机制研究

——以山东省为例

第一节　引言

　　生态环境问题日益成为全球各国共同关注的焦点，探寻经济、社会、生态和谐发展的发展路径，已成为当前国际社会关注的热点。我国以煤炭为主的能耗结构导致能源利用出现低效高耗和突出的生态环境问题（李华等，2009）。改革开放以来，山东省经济快速增长的同时，能源消费量也在持续增加，碳排放量呈现快速上升的趋势（邱兆林，2012；张士强，2004）。2001～2011 年，山东省居民生活能源消费量平均增长幅度约为10%，超过了工业能耗的增长速度，成为能源消耗的主要增长点。经济发展走高增长、高能耗、高排放的粗放型发展道路，对山东省发展低碳经济、建设美丽山东是个严峻的挑战。

　　以化石能源为主的能耗结构下，居民能源消费将直接影响能耗强度及能源

效率（芈凌云，2011）。黄小丽（2013）研究发现居民最终消费引起的碳排放量约占产业能源消费直接排放总量的 1/3，考虑居民间接能源消费，居民能耗碳排放占能耗碳排放总量的比例可能超过 50%。作为最终能源消费的主体，居民能源消费节能减排的潜力需要予以高度关注并深入发掘。随着我国城镇化进程不断推进，居民能源消费强度不断攀升（李艳梅和杨涛，2013），通过研究居民能源消费行为演变，从居民能源消费角度解决城镇化推进与低碳经济的矛盾，构建低碳消费的生态文明社会（庄贵阳，2011），提出发展低碳经济、生态文明的长效机制（潘家华，2011），将为经济、人口与环境协调发展提供一种可能且可行的途径，对我国生态文明建设具有重大理论意义。

第二节　居民节能认知行为分析

已有文献表明，相关学者主要通过居民节能消费行为的表现方式来界定居民的能源消费行为。Raaij 和 Verhallen（1983）把居民能源使用行为定义为购买、维持和使用相关的能源消费行为；Linden 等（2006）通过对瑞典 600 个家庭的调查研究，把居民能源行为界定为家庭取暖和照明、清洁、食物供应、娱乐和信息五个方面；Barr 等（2005）在以往研究的基础上，把居民节能行为界定为习惯相关节能行为和购买相关节能行为两个方面。

郭琪（2007）在研究公众节能行为时，把公众节能行为定义为降低单位产值能耗的节能行为和使用优质能源的节能行为；陈利顺（2008）在研究中将城市居民能源消费行为定义为"城市居民对能源的各种使用和消费行为"，并将其划分为选择性能源消费行为和习惯性能源消费行为两类。本书中，居民的"居民节能行为"概念，对其概念界定以居民的节能消费行为为基础，是指以减少二氧化碳排放为目标的能源节能消费行为。

一直以来，节能减排的政策措施，对居民能源消费领域关注不多，主要集中在工业领域（汪臻等，2012）。居民能源消费受主观心理因素（Steg，2005；Thogersen 和 Gronhoj，2010；孟艾红，2011）、环境因素（Steg，2008；Gyberg 和 Palm，2009；陈立顺，2008）、收入水平（芈凌云，2011；郭琪，2007）、政策引导（叶斯搏力，2009；贺爱忠，2011；汪兴东，2012）等因素影响。

现有文献中，关于宣传教育对居民能源消费行为影响，学者们认为宣传教育能够改变居民节能认知、增加节能知识，从而促进居民节能行为的实施。Sardianou 等（2005）、Abrahamse（2005）、Reiss 等（2008）、Steg（2008）等的研究认为，宣传教育可以改变人们对环境和环境问题的认知，促进居民节能。相对于经济政策而言，宣传教育见效慢，但有利于形成正确的节能消费观念，影响更为持久；Ouyang 和 Hokao（2009）对中国杭州居民的调查研究也表明，通过节能宣传教育改变居民节能消费行为，能够使居民平均节省10%的电量。

为了探讨居民节能认知、行为和美丽山东建设认知宣传之间的互动关系，研究从美丽山东建设认知居民节能行为的角度出发，构建居民节能—美丽山东建设认知良性互动理论模型，以我国山东省不同地域城乡居民的大样本问卷调查数据为基础，运用实证研究方法，把握城乡居民低碳化能源消费行为的特点、规律，分析不同政策工具对城市居民低碳化能源消费行为的情境调节效应，以全面了解山东居民节能认知现状及认知倾向、居民节能行为现状及行为取向、经济政策和法律法规等对居民节能行为的影响、"美丽山东建设"认知对居民节能行为的引导及约束。根据调研结果，发现居民节能行为中存在的问题，分析"美丽山东建设"认知对山东居民节能行为传导机制，为引导山东城乡居民形成低碳化的能源消费观，促进其低碳化节能行为的实施，推进美丽山东建设，提出建设性意见；为构建新型居民节能消费行为与建设美丽山东的良性互动机制提供依据。

本书包括对相关文献的研究和实证研究，研究流程如下所示：

构思阶段：通过对居民节能认知和行为观察及初步文献研究，确认研究动机与目的。再针对研究目的，经由文献和个案的观察，构建概念性架构。

文献研究阶段：根据概念性架构提出研究假设，在确定研究对象与研究方案后，确认各变量的衡量指标，并开始着手访谈策划、设计实证问卷。

实证研究及总结阶段：实施深度访谈，并确认实证问卷；再发放、收集问卷、实证资料整理、分析，解释分析结果，总结研究结论并提出建设性意见。

一、居民节能认知研究

（一）居民对环境变化问题的关注

经过多年的宣传，节能这一个概念已深入民心，大部分城镇居民家庭都意识到了节约的重要性，自觉地加入节能的行动中去。比如，居民对环境变化问题的关注。为此，本节调查了居民环境变化问题的关注程度，调查结果见图 5 - 1。

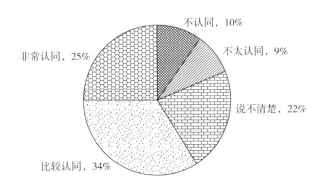

图 5 - 1　居民对环境变化问题的关注

通过统计问卷，我们发现，有 59% 的居民一直非常关注和比较关注气候变暖问题，有 22% 的居民表示说不清楚，有 19% 的居民不是非常关注或者不太关注气候变暖问题，从而居民对气候变暖问题的关注度有待提升。

（二）居民对保护环境与就业关系的认知

中华人民共和国国家发展和改革委员会副秘书长苏伟表示，我国应对气候变化的方案完全是从我国国情和实际出发，与当前应对金融危机的一系列措施方向是一致的，甚至能增加就业，进一步改善我国发展的质量和人民生活水平的提高。我们一贯主张在可持续发展的框架下采取应对气候变化的一些措施，所以应对气候变化与我国经济社会发展的目标是一致的。金融危机既是挑战也是机遇。应对气候变化的措施，主要是通过控制温室气体的排放，增加碳汇，采取适应气候变化的措施，控制温室气体排放的一些措施，主要是通过节能、提高能效、清洁煤的利用、可再生能源和清洁能源的开发等这些措施。这些措施也会按照我国落实科学发展观的要求，促进经济结构的调整，加快我国经济发展方式的改变，为实现我国的可持续发展做出贡献。从这个意义上讲，应对气候变化的措施，包括我们制定的应对气候变化国家方案，对于推动我国采取的应对金融危机的一系列的政策和措施，应当说方向是一致的，是能够促进的。

我们应对金融危机的最主要目标是保增长、保就业、改善民生，这些目标也都是与应对气候变化方案的目标一致的。所以，应对气候变化的方案，不仅不会影响到应对金融危机有关措施的落实；相反，从某种意义上来讲，可能会增加就业，进一步改善我国发展的质量和人民生活水平提高。

居民对保护环境与就业关系的认知调查结果见图5-2。居民对环境保护与就业机会两者的关系认识与政府期望基本保持一致，80%的居民不认同或不太认同保护环境将减少就业机会。当然也有11%人非常认同或比较认同保护环境将减少就业机会，这大概主要指一些高能耗、高污染行业的就业机会。

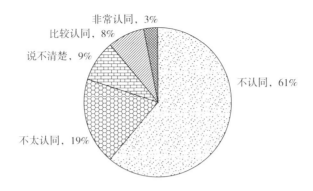

图 5 - 2　居民对保护环境与就业关系的认知

（三）居民对节能环保行为必要性认知

良好的生活和工作环境是我们人类赖以生存的条件，保护环境就是保护我们自己。面对地球生态环境日益恶化、资源日益短缺的现实，我们应该清醒地认识到拯救地球、保护环境、节约能源是我们共同的责任。因此，需要我们在日常生活中做到节能环保。为了了解居民对环境压力的认知，对此展开居民对自然是否有足够平衡力量消除工业造成的影响认知的调查，结果见图 5 - 3。

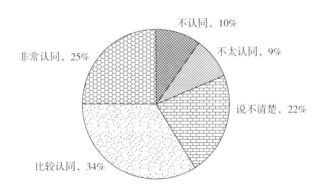

图 5 - 3　居民对自然是否有足够的平衡力量消除工业造成的影响认知

调查发现，近60%的居民非常或者认同自然环境有足够的力量平衡后现代工业的影响，只有19%的居民不认同或不太认同自然环境能够平衡后现代工业的影响，能够清楚认识现有的环境压力（见图 5-3）。居民对环境压力还不足以有清醒的认识，政府及相关部门应公开现有环境压力，降低居民对环境污染的侥幸心理，提高居民环境保护意识。

（四）居民对保护环境紧迫性的诉求

中国内地中东部地区因雾霾天气造成重度空气污染的现象，引发了港台地区媒体和国外媒体的广泛关注。中国香港《南华早报》形容北京遭遇的浓密雾霾"令人窒息"，空气质量的污染程度达到了"危险"的水平。

中国环境监测总站的全国城市空气质量实时发布平台显示，2013 年 1 月 12 日，北京、河北、山东等多地空气质量达严重污染，PM2.5 指数直升最大值。截至 13 日零时，在 74 个监测城市中，有 33 个城市的空气质量达到了严重污染，北京城区 PM2.5 值甚至一度逼近 1000。

2013 年，"雾霾"成为年度关键词。1 月，4 次雾霾过程笼罩 30 个省（区、市），在北京，仅有 5 天不是雾霾天。有报告显示，中国最大的 500 个城市中，只有不到 1% 的城市达到世界卫生组织推荐的空气质量标准，与此同时，世界上污染最严重的 10 个城市有 7 个在中国。

2014 年 1 月 4 日，国家减灾办、民政部首次将危害健康的雾霾天气纳入 2013 年自然灾情进行通报。2014 年 2 月，习近平在北京考察时指出："应对雾霾污染、改善空气质量的首要任务是控制 PM2.5，要从压减燃煤、严格控车、调整产业、强化管理、联防联控、依法治理等方面采取重大举措，聚焦重点领域，严格指标考核，加强环境执法监管，认真进行责任追究。"

对"环境问题是否影响其日常生活的认知"进行调查，在此次调查中，只有 46% 的居民非常或者比较认同环境问题已影响到居民日常生活，近 1/3 的居民非常或比较不认同环境对其日常生活的影响（见图 5-4）。

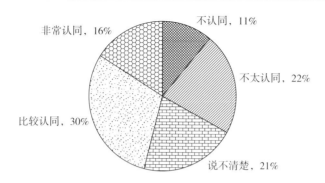

图 5－4 居民对环境问题是否影响其日常生活的认知

（五）居民对温室气体的认知

居民具有较高的环境保护意识，但对环境保护知识却相对匮乏。节能宣传中应多包含节能知识的宣传，节能知识的学习应成为居民日常学习的一方面。为了了解居民对温室气体的认知程度，做了如下调查（见图 5－5）。

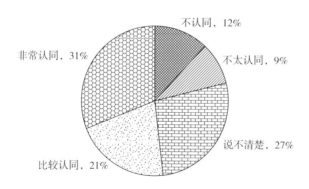

图 5－5 居民对什么是温室气体的认知

在此次调查过程中，只有 52% 的居民非常清楚或比较清楚什么是温室气体，比例仅占所有居民的一半。而非常不清楚和不太清楚什么是温室气体的居民则高达 48%。因此，对温室气体以及气候变暖、环境污染的宣传不仅只涉及概念的传播，更重要的是从环境污染根源、环境污染的防治、日常生活与环境污染的关系等细节入手，增强居民环境保护意识，增加居民环境保护能力。

（六）居民对减少温室气体排放方法的认知

减少温室气体排放，从居民生活做起。节电、节气、节水、节油都是节能减排行动的切入点。平时注意随手关灯，家电不要待机，随手关水龙头，少开车多走路，都是很具体的方法。为了了解居民对减少温室气体排放方法的认知，做了如下调查（见图5－6）。

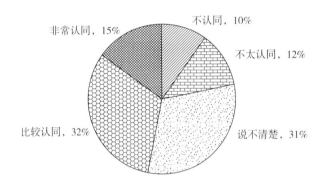

图5－6　居民对减少温室气体排放的认知

调查中发现，仅有47%的居民非常清楚或比较清楚怎样减少温室气体排放。近1/3的居民说不太清楚怎样减少温室气体排放，而22%的居民比较不清楚和不清楚怎样减少温室气体排放。

二、居民节能行为研究

（一）居民节能购买行为

十年前，人们购买家用电器首先考虑的因素是价格、质量。如今，逐步富裕起来的城镇居民消费行为发生很大变化，在关注质量、品牌的同时更加关注家电的节能环保问题。太阳能使用少，一般家庭都是用电，农村用煤现象也比较多。经过调查发现，现今节能已成为居民购物时要考虑的重要因素，有77%的居民表示会购买或比较会购买太阳能热水器或混合型热水器，有10%左右的居民不会或者不太会购买太阳能热水器或混合型热水器。居民在热水器购买过程中表现出较强的节能行为特点（见图5-7）。

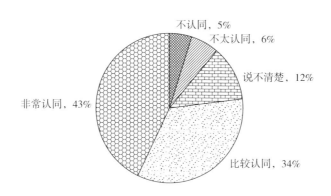

图5-7 居民是否购买太阳能或混合型热水器

清洁能源是不排放污染物的能源，它包括核能和"可再生能源"。其中，可再生能源是指原材料可以再生的能源，如水力发电、风力发电、太阳能、生物能（沼气）、海潮能等能源。可再生能源不存在能源耗竭的可能，因此日益受到许多国家的重视。随着原油及煤炭价格的上涨，石化能源发电成本提高，风力等新能源发电形式的经济性进一步凸显，在沿海等发达地区风力发电的成本有望低于火力发电成本。经济性的凸显有利于风力资源开发的积极性。

随着节能产品的推广，也带来一系列的疑问，比如为了节能，是否会给居民带来经济负担；以及传输成本的上升带来"绿电"较高的价格，居民能否接受等。经过调查发现，46%的居民非常或者比较接受为"绿电"多支付5%～10%的电价，也有34%的居民不会或者不太愿意为"绿电"支付较高的电价，因此，在推广清洁能源过程中，实施电价并轨也为推行清洁能源提供更多的可能（见图5-8）。

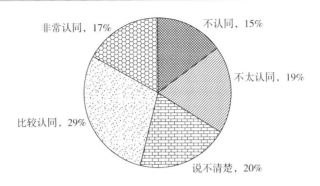

图 5 - 8　居民是否愿意为"绿电"多支付电费

　　能否在节能的同时也减少日常费用等。经过调查我们发现,这些担心完全是多余的,有 36% 的居民认为节能产品给家庭经济带来很大的经济实惠,54% 的居民认为能带来实惠,只有 2% 的居民认为基本没有,值得注意的是受调查的居民中,没有居民认为购买节能产品会导致综合的花费会大,此外还有 8% 的居民不太清楚。从这些数据可见,先不论节能带来多大的经济效应,但是可以肯定的是节能确实带来了实惠,而这些已得到大多数居民的肯定。

　　随着世界汽车工业的不断发展,汽车保有量迅速增加,汽车环境污染及能量消耗问题也更加引人关注。私人交通的便利与国家能源紧张之间的矛盾,显得更加尖锐。目前,我国石油消耗已经位居世界第二,交通用油呈快速上升趋势,年平均增长 10% 左右,进口石油迅速增长,市场油价猛涨,国家能源安全面临着严峻挑战。另外,作为交通工具的汽车,要排放大量的碳、氮、硫的氧化物、碳氢化合物、铅化物等多种大气污染物,是重要的大气污染发生源,对人体健康和生态环境带来严重的危害,汽车废气污染越来越严重。2002 年在全世界污染最严重的 10 个城市中,中国就占 5 个,交通污染占全部污染的 70% ~ 90%;我国二氧化碳排放居世界第二。

　　汽车尾气污染物主要包括:一氧化碳（CO）、碳氢化合物（CnHm）、氮氧化合物（NOx）、二氧化硫（SO_2）、烟尘微粒（某些重金属化合物、铅化合物、黑烟及油雾）、臭气（甲醛等）。据统计，每千辆汽车每天排出一氧化碳约 3000 千克，碳氢化合物 200 ~ 400 千克，氮氧化合物 50 ~ 150 千克；美国洛杉矶市汽车等流动污染源排放的污染物已占大气污染物总量的 90%。汽车尾气可谓大气污染的"元凶"。

汽车尾气对大气，自然和人类本身的危害都是相当大的。碳氢化合物、一氧化碳和氮氧化物，这三种物质对人体都有毒害，其中碳氢化合物及氮氧化物在阳光及其他适宜条件下还会形成光化学烟雾，危害更大。汽车耗油量通常随排气量上升而增加。排气量为 1.3 升的车与 2.0 升的车相比，每年可节油 294 升，相应减排二氧化碳 647 千克。如果全国每年新售出的轿车（约382.89 万辆）排气量平均降低 0.1 升，那么可节油 1.6 亿升，减排二氧化碳 35.4 万吨。混合动力车可省油 30% 以上，每辆普通轿车每年可因此节油约 378 升，相应减排二氧化碳 832 千克。如果混合动力车的销售量占到全国轿车年销售量的 10%（约 38.3 万辆），那么每年可节油 1.45 亿升，减排二氧化碳 31.8 万吨。

为了了解居民是否购买节能小排量或混合动力汽车展开调查。调查发现，76% 的居民表示非常愿意或者比较愿意购买节能型小排量及混合动力汽车，仍有 24% 的居民对节能型小排量汽车及混合动力汽车持否定及不接受态度（见图 5 - 9）。究其原因：由于政策补贴确实助推了新能源汽车产业发展，但其购买和使用成本高、充电难、技术尚不成熟，市场推广仍面临考验。对比发现，消费者购买比亚迪 F30M 插电式混合动力汽车，享受 5 万元最高补贴后售价 10 万元左右，比汽油发动机 F3 还要贵出 3 万多元；比亚迪 E6 电动汽车续航里程 300 多千米，在全世界处于领先地位，但成本 30 万元左右，享受 6 万元最高补贴后比传统能源汽车贵了 10 多万元。

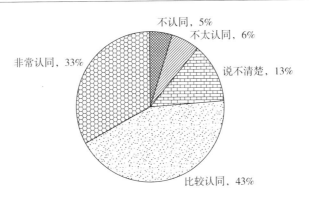

图 5 - 9　居民是否购买节能小排量或混合动力汽车

充电难，也让很多消费者望而却步。"使用现有充电桩，汽车停靠后需
5~8 小时才能完成充电。"沙永康说，"充电站如果无法提供 30 分钟内的快充
服务，基本就失去了其便捷的功能性。"而电池较短的使用寿命，大大增加了
消费者的后续成本，一般 3~5 年就需要换整组电池，价格在 10 万元上下。

推广难度大，让众多车企持谨慎观望态度。清华大学汽车工程系裴普成教
授也认为，"政府补贴顶多只是'催化剂'，要想实现新能源汽车产业的长远
可持续发展，企业要大力进行技术革新以降低成本"。

(二) 居民节能使用行为

大多数居民有很好的节能习惯。节约每一度电，每一滴水，节省每一张
纸，每一标准立方米天然气；少乘汽车，多步行，少制造垃圾，多开动脑筋变
废为宝等。希望能够从点滴做起，培养低碳意识，养成低碳生活习惯，以实际
行动为祖国的环保做出力所能及的贡献。为了了解居民的节能使用行为，做了
以下调查：

对居民在离开房间时能否随手关灯进行调查。调查发现，绝大多数被调查
者都能做到随手关灯，但是在照明用电中还是存在很多的问题，经常忘记关
灯，晚上有很多人家是点着灯睡觉的，节能灯并没有普及，城市小区灯火通明
（见图 5 - 10）。

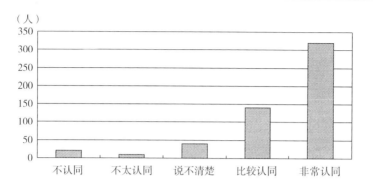

图 5 - 10　居民在离开房间时能否做到随手关灯

对居民能否做到减少冰箱的开关次数进行调查，调查中发现近90%的居民能够做到减少冰箱开关的次数，但是访谈中也发现，大多数被调查用户电冰箱基本不去除霜，因此居民节能使用行为习惯的培养更要注重细节的教育与执行（见图5 - 11）。

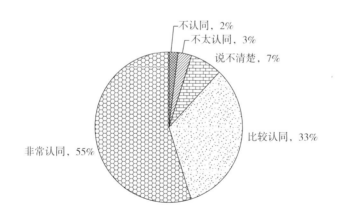

图 5 - 11　居民能否做到减少冰箱的开关门次数

用手洗衣服也是一种健身的方式，不过大部分人都是使用洗衣机。因此对居民是否积累足够衣物量才使用洗衣机进行调查，调查发现在选择使用洗衣机过程中，绝大多数人能够做到积累足够的衣物量才使用洗衣机，这样能够做到在使用洗衣机的同时，尽量节约用水及用电，如图5 - 12所示。

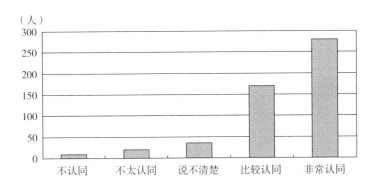

图 5 – 12　居民是否积累足够衣物量才使用洗衣机

在节约用水的调查中发现，大多数居民非常及比较认同注意调节水龙头和马桶流量，并且经常一水多用，仍有高达 1/3 的被调查用户认为做不到这些（见图 5 – 13）。访谈中还发现，很多用户冬天要用温水，一般家庭是打开水龙头，放掉冷水，等着热水供应上来。淘米洗菜都是一次性用水，拖地用水量大，反复使用次数少。洗衣次数多，用水量大。洗头时放着水，冬日洗澡次数多。因此节约用水的宣传更要做到细致，能够引导居民生活行为。

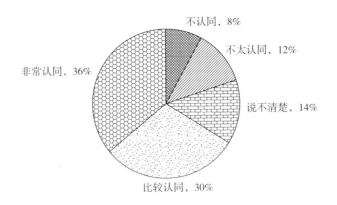

图 5 – 13　居民是否注意调节水龙头及马桶流量做到一水多用

与冬天北方大多数家庭使用集体供暖不同，夏季是南北同时使用空调的高峰期。在夏季居民使用空调习惯的调查中发现，高达 44% 的被调查用户，只要待在室内感到闷热就会打开空调。这个比例高于感到闷热也不太会或者不会打开空调用户，后者占41%（见图5-14）。除此之外还发现，冬季很多用户没到零下就开空调取暖；农村一般烧火堆取暖。夏日气温不到30℃就开冷空调，人离开房间忘记关门、睡觉前不关空调现象也很严重，扇子、电风扇使用少。

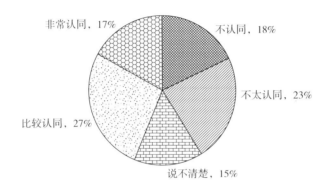

图5-14 夏季居民使用空调习惯调查

在对居民使用电器是否关掉电源而不是待机的调查中发现，绝大多数用户能够做到不用的电器关掉电源，而不是让其待机。极少数的用户做不到该节能行为（见图5-15）。

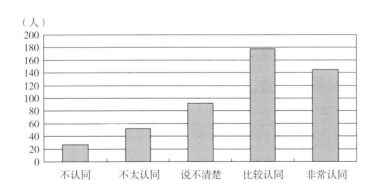

图5-15 居民使用电器是否关掉电源而不是待机

在访谈中，很多居民提出了很多有用的节能方式，例如：他们建议看完了电视机和DVD，将电源拔下，这样才不耗电；暂时不用电脑时，可以缩短显示器进入睡眠模式的时间设定；当彻底不用电脑时，记得拔掉插头。坚持这样做，每天至少可以节约1度电，还能延长电脑和显示器的寿命；使用双键马桶更节能。与传统单键马桶相比，用双键马桶每家每天至少节水一半，还能减少污水的排放等。这些都充分地说明居民已具有很好的节能习惯。

（三）影响居民出行方式可能的原因

在调查中，我们发现居民的节能意识不只是停留在节水、节电，一种新的观念居民也有所了解，那就是交通节能。在调查中发现有62%的居民愿意采用公交或地铁出行，也有的居民采用步行或自行车，很少的居民愿意采用轿车（见图5-16）。最近几年，更是出现了"骑行族"，这充分说明居民生活形式的改变也与节能意识的提高有很大关系，交通节能概念的出现影响着人们生活的出行。

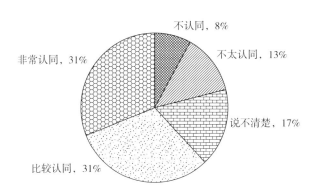

图5-16 公共交通工具比较方便

一直以来，新能源都因高价格、充电难以及推广难度大等原因不被市场接受。但是在调查中发现绝大多数被调查者，不认同新能源汽车使用很不方便（见图5-17）。究其原因，发现生活用车及短距离旅行占居民自驾车出行的主要原因，而在这些出现方式中，新能源汽车无论是在价格、成本及便捷程度上，都具有较好的优越性。

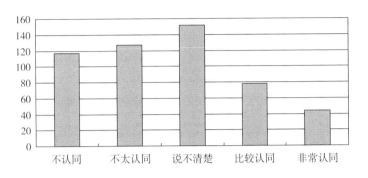

图 5 - 17　新能源汽车使用不方便

在对居民是否认为减少能源消费将降低生活品质的调查中发现，高达60%的居民不认为减少能源消耗将降低自己的生活质量，但同时也应该注意，仍有近20%的被调查用户担心减少能源消耗将降低自己的生活质量（见图5 -18）。因此，对低碳生活概念的宣传，仍然要以居民可能接受的方式、方法为主。强调低碳生活的核心在于在不降低生活质量的前提下，以最少的能源消耗获得最好的生活质量。

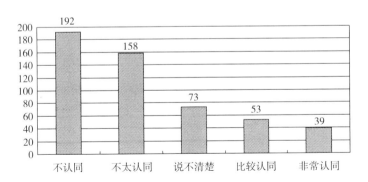

图 5 - 18　是否认为减少能源消费将降低生活品质

以房地产业为例，开发商的责任在于不断采用节能新技术建造更多低能耗建筑，以减少建筑在使用过程中的能耗。对业主来说，主要是保持良好的节能行为。因为墙体消耗的能量最大，房屋使用了节能技术比如外墙保温材料，那么房屋的整体保温隔热能力就会大大提高，这样的房屋具有保温、隔声、防潮等优越性，而且居住在这样的房屋里面时，会更加的舒适，因为通过空调制热或制冷的环境没有自然温度舒服。

（四）环境对居民节能行为可能的影响

骑自行车或步行代替驾车出行 100 千米，可以节油约 9 升；坐公交车代替自驾车出行 100 千米，可节省 5/6 的油。按以上方式节能出行 200 千米，每人可以减少汽油消耗 16.7 升，相应减排二氧化碳 36.8 千克。全国约 1248 万辆私人轿车的车主如果都能做到，那么每年可以节油约 2.1 亿升，减排二氧化碳约 46 万吨。如果每月少开一天车，每车每年可节油约 44 升，相应减排二氧化碳约 98 千克。如果 1248 万辆轿车的车主能做到每月少开一天车，每年可节油约 5.54 亿升，减排二氧化碳约 122 万吨。

但在调查中发现，近 1/3 的被调查用户认为，只有强制性规定居民才会每周少开一天车（见图 5 - 19）。因此，在中国公共交通出行方式尚不完善，城市高速发展居住地与工作地距离不断增加的情况下，"限行"在近期内似乎是势在必行。

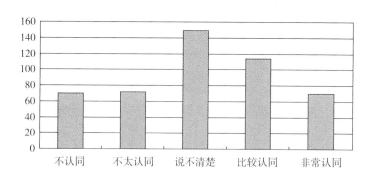

图 5 - 19 限行才会让我每周少开一天车

对于价格是否影响居民购买低碳节能产品的问题，调查结果出现"M形"。一半对一半的居民认为价格是或者不是影响居民购买低碳产品（见图5－20）。相当一部分市民不愿购买节能产品的原因就是节能产品价格贵，"省不抵费"。当然，也有一些节能产品虽然售价看似颇高，但使用寿命长，用了3~5年后省下的费用就能抵消投入。因此，家庭节能除了要为消费者算清经济账外，最好还能进一步降低成本。

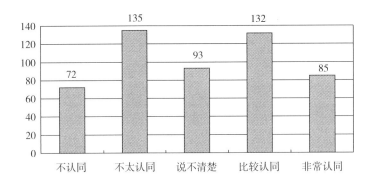

图5－20　价格是影响购买低碳产品的主要因素

2012年6月14日，发改委表示"居民阶梯电价"将于7月1日在全国范围内实施。随着户均消费电量的增长，每千瓦时电价逐级递增。对居民用电实行阶梯式电价可以提高能源效率。通过分段电量可以实现细分市场的差别定价，提高用电效率。建立"多用者多付费"的阶梯价格机制，将有助于形成节能减排的社会共识，促进资源节约型、环境友好型社会的建设。调查结果和预计基本一致，近66%的居民表示，随着水价与电价的不断上涨，居民越来越注意节水节电（见图5－21）。

在周围人对居民节能行为影响的调查中发现，近60%的居民是否采取节能行为，受家人、朋友或老师等的显著影响（见图5－22）。因此，充分发挥政府在节能教育方面的巨大作用。积极建立和完善关于节能环保的相关法律法规，引导和规范节能行为；充分发挥各种舆论媒体的宣传导向作用。通过广播、电视、报刊、网络等多种媒体广泛宣传，尽量拉近节能环保与民众的距离；要加大普及节能知识的力度，充分利用特殊时日开展活动。与公众的个体行为相比，社会团体作为非政府组织的一种形式，在宣传教育广大民众、推进低碳经济中发挥着十分重要的作用，充分发挥社团的积极性。

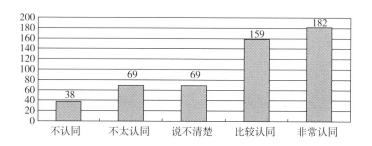

图 5 - 21　水价及电价上升影响居民节能行为

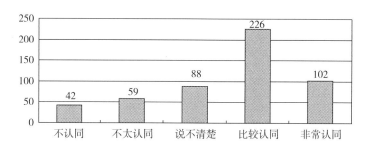

图 5 - 22　周围人对居民节能行为影响

随着国家对环境保护的重视及相关节能政策的出台，目前各大生产企业纷纷加大高端节能产品生产和促销。市民的消费习惯已悄然发生改变，节能家电逐渐受到商家和消费者的青睐。在家电下乡和节能补贴等政策的支持下，这几年节能家电销售火爆。在调查中发现，70% 的居民认为，好的宣传促销活动会非常或比较促使居民购买节能产品，仅有 16% 的居民不会或不太会受宣传和促销的影响（见图 5 - 23）。

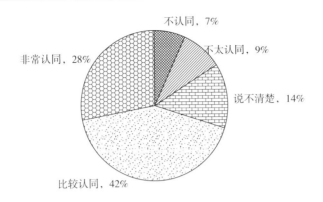

图 5 – 23　产品宣传促销对居民购买节能产品影响

随着我国新一轮节能家电补贴政策全面实施，不少家电卖场纷纷打出"节能补贴"促销牌，对消费的拉动引领效应已显现出来。2012 年上半年我国家电市场规模仅为 2631 亿元，同比下降 10.1%。国家推出的"节能补贴"政策对于扩大内需、促进产品升级换代发挥了巨大作用，但同时也成为很多家电企业发动促销战、价格战的噱头。调查结果显示，超过 80% 的居民在有政府补贴的时候，其非常或者比较愿意购买节能家电（见图 5 – 24）。

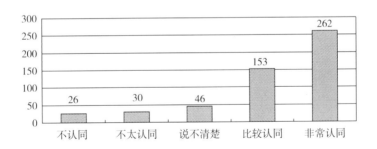

图 5 – 24　政府补贴对居民节能购买行为影响

"节能补贴"政策更侧重于为企业明确产业结构调整和技术创新的发展方向。随着国家节能减排政策的推动，阶梯电价的实施，企业产品结构调整势在必行。"节能补贴"政策是大战略下的急先锋，其将有力地推动企业向技术创新领域发展。在全社会形成节能减排的良好社会氛围和意识，加强和普及市民的节能减排科学知识和常识，特别要加强各级政府的政策激励与引导作用、执法监督部门的执法检查监督、媒体的宣传导向作用和大众的积极参与意识。正确认识节能与减排的关系，特别是要树立"节能就是减排"的观念。

从长远来看，碳税将改变全球的能源消费格局，并推动新能源比重进一步提升。发改委能源研究所的一份报告指出，如果考虑中国减少进口对经济有促进作用，以及减少国内对能源产业的投资而增加对一些新兴产业投资所带来的效果，征收碳税对 GDP 带来的损失将非常有限，甚至可能成为正面影响。调查结果也基本证实了这一观点，近 70% 的被调查者表示如果开征碳税，居民将会非常或者比较注意低碳消费（见图 5 – 25）。

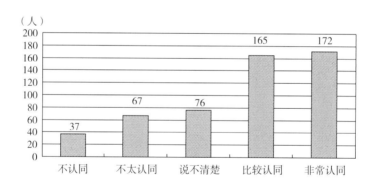

图 5 – 25　开征碳税对居民节能行为影响

开征碳税后企业可以通过降低产量、采用新技术、提高价格等转移成本，但是这部分成本无疑会经过流通环节转嫁给下游消费者，造成消费价格上涨。此外，煤炭等传统化石能源的成本上升意味着光伏、核电等新能源的比较优势将更加凸显。业内人士认为，我国可从能源税过渡到碳税，征收碳税可从较低税率开始，之后再逐渐增加；并建议在能源税征收 4 ~ 5 年之后征收碳税，初期可以是和能源税共同存在的混合税。同时，在碳税实施之前3～4年，公布碳税实施日程和税率，供企业和消费者在投资时考虑。

在居民是否愿意花费更多的时间和精力实施垃圾分类的调查中，约55%的居民表示非常愿意或者比较愿意（见图5－26），但在调查中发现一般小区里，垃圾箱很多，但分类的少，一般家庭垃圾不分类。城市家庭一般的废纸、废弃瓶送给清洁工，农村一般出售给回收的人。一般饮料瓶扔进垃圾箱，资源化意识淡薄。随着生活水平的提高，人们的消费观念随之改变，资源的回收观念淡薄，回收难度大。

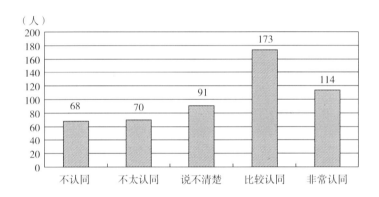

图 5－26　居民垃圾分类行为

随着城市扩大、外来人员涌入，城市人口急剧膨胀，随之产生的越来越多的"生活垃圾"也逐渐成为这个社会的一个"大问题"。于是我们把关注的目光投向了实现垃圾资源化、无害化、减量化的最佳途径——垃圾分类回收。垃圾分类回收无疑是最好的方式，在垃圾变废为宝、循环利用后，大大压缩了"终极垃圾"的数量。

大多数居民对垃圾的分类回收，只是以有价与无价作判定，虽然小区或街道都有分类垃圾箱，但由于部分市民并不了解垃圾箱上"可回收"和"不可回收"分别包括的垃圾种类，导致大量分类垃圾箱成为混合垃圾箱，没有达到垃圾分类的目的。每回收1吨废纸可造好纸850千克，节省木材300千克，比等量生产减少污染74%；每回收1吨塑料饮料瓶可获得0.7吨二级原料，不管是废塑料还是炼油的好原料，有人曾经形象地将它们比作"二次油田"，因为1吨废塑料至少能回炼600千克的汽油和柴油；每回收1吨废钢铁可炼好钢0.9吨，比用矿石冶炼节约成本47%，减少空气污染75%，减少97%的水污染和固体废物；剩菜剩饭、骨头、菜根菜叶、果皮等食品类废物，经生物技术就地处理堆肥，每吨可生产0.3吨有机肥料。

第三节 居民节能与美好山东建设传导机制研究

本节研究采用搜集研究资料问卷调查法，利用统计软件SPSS 17.0以及AMOS软件包作为资料整理与假设验证的分析工具。而根据研究架构、研究目的与问题的衡量尺度而选择了以下方法，包括描述性统计分析、信度分析、效度分析、方差分析和结构方程模型分析。

一、信度及效度分析

1. 描述性统计分析

将发放的问卷收回整理后，对于样本的基本数据及各个维度进行次数分配、平均数等基本统计分析。描述性统计分析是对样本的基本数据及研究的各维度进行次数分配、百分比、平均数及标准差等基本统计分析，借以了解样本在各维度分布的情形，以说明样本的数据结构。

2. 信度分析

信度（Reliability）即可靠性，它是指采用同样的方法对同一对象重复测量时所得结果的一致性程度。信度指标多以相关系数表示，大致可分为三类：稳定系数（跨时间的一致性）、等值系数（跨形式的一致性）和内在一致性系数（跨项目的一致性）。信度分析的方法主要有以下四种：

（1）重测信度法。重测信度法是指同一组受评者在两次不同时间作同一套量表评定，对两次结果作相关性检验，以估计量表结果的稳定性。

（2）复本信度法。复本信度又称等值性系数。它是以两个等值但题目不同的测验（复本）来测量同一群体，然后求得被试者在两个测验上得分的相关系数。复本信度也要考虑两个复本实施的时间间隔。如果两个复本几乎是在同一时间内施测的，相关系数反映的才是不同复本的关系，而不掺有时间的影响。如果两个复本的施测相隔一段时间，则称稳定与等值系数。

复本测验有两种方式：一种是在同一时间里连续进行测验；另一种是间隔一段时间后再进行测试。前者可以判断两次测验内容之间是否等值，因此用这种方法得到的信度系数也被称为等值系数；后者不仅可以判断两次测验之间内容的等值状况，而且可以反映出时间因素对被试潜在属性的影响程度，因此用这种方法得到的信度系数也被称为等值稳定系数，并且对测验进行的评估最严。

（3）折半信度法。折半信度法是将调查项目分为两半，计算两半得分的相关系数，进而估计整个量表的信度。折半信度属于内在一致性系数，测量的是两半题项得分间的一致性。这种方法一般不适用于事实式问卷（如年龄与性别无法相比），常用于态度、意见式问卷的信度分析。在问卷调查中，态度测量最常见的形式是五级李克特量表。进行折半信度分析时，如果量表中含有反意题项，应先将反意题项的得分作逆向处理，以保证各题项得分方向的一致性，然后将全部题项按奇偶或前后分为尽可能相等的两半，计算二者的相关系数，最后用斯皮尔曼—布朗（Spearman – Brown）公式求出整个量表的信度系数。

（4）Cronbach's α 信度系数。Cronbach's α 信度系数是目前最常用的信度系数，其公式为：

$$\left(\frac{n}{n-1}\right)\left(\frac{St^2 - \sum Vt}{St^2}\right) \tag{5-1}$$

其中，St^2 为测量总方差，Vt 为项目方差。

从公式中可以看出，α 系数评价的是量表中各题项得分间的一致性，属于内在一致性系数。这种方法适用于态度、意见式问卷（量表）的信度分析。

一般使用 Cronbach's α 系数来衡量同一变量下各个问题的一致性，Cronbach's α 数值越高表示各问题内容之间的相关程度越高，其变量问题间的内部一致性也越高。Guielford（1965）认为 α 系数大于 0.7 则表示内部一致性高，可被归于高信度，α 若低于 0.35 则表示内部一致性低，该问题应该被删除。本节也以 Cronbach's α 系数判断量表信度，量表的信度越高，表示量表越稳定。

综上所述，本节将采用 Cronbach's α 信度系数法作为研究的信度分析方法。

3. 效度分析

效度（Validity）即有效性，它是指测量工具或手段能够准确测出所需测量的事物的程度。效度分析的过程包括探索性因子分析和验证性因子分析，目的是提炼最有代表性的度量因子，保证最终量表的可行性和有效性。探索性因子分析的过程大致可以分为三步：第一步是进行巴特莱特球形检验。第二步是进行因子分析，本节采用主成分分析法作为萃取因子的方法。第三步是要解释因子，对萃取的因子进行命名。随后为了验证因子分析结果的信度和效度，分别针对以上量表进行一系列的确认性因子分析。结构效度即验证性因子分析。确认性因子分析的作用在于能够提供一系列的指标，用于调整因子结构、修正模型和判断模型的质量，如效度、信度和收敛性等。如果验证性因子分析得出的拟合比较好，就可以验证在探索性因子分析中得到量表的潜在结构。

4. 结构方程模型

结构方程模型（SEM）是一种综合运用多元回归分析、路径分析（Path Analysis）和确认性因子分析方法而形成的一种统计数据分析工具。可以用于解释一个或多个自变量与一个或多个因变量之间的关系。

以 SEM 为代表的验证分析的基本思想是：根据先前的理论和已有的知识，通过推论和假设，形成一个关于一组变量之间的相互关系（常为因果关系）的模型。然后用数据对模型进行验证，如果模型能很好地拟合数据，模型就可以被接受，否则需要对模型进行修正使其更好地拟合数据。

SEM 的决策流程包括模型设定（Model Specification）、模型辨识（Model Identification）、模型估计（Model Estimation）、模型评价（Model Evaluation）以及模型修正（Model Modification）等步骤。本书研究采用 AMOS 软件来实现 SEM 的验证过程，它是一种功能齐全的统计分析工具，可以实现路径分析、协方差结构分析，回归分析等多方面功能，还可以同时计算多条回归路径系数。

本节对各种指标主要根据 Joreskog 和 Sorbom（1993）的建议，模型拟合优度可以由整体拟合指标（Overall Model Fit Criteria）来判断，包括卡方值除以自由度（χ^2/df）、平均残差平方根（RMR）、平均近似值误差平方根（RMSEA）、适合度指标（GFI）、调整后的适合度指标（AGFI）、基准拟合优度指标（NFI）、渐近式拟合优度指标（IFI）、精简式拟合优度指标（CFI）。

二、研究假设

根据国内外居民节能的相关文献，分析居民节能模式，归纳影响居民节能的因素，进而根据文献分析结果，提出以下初始研究假设，以引导研究的进行。在实证分析阶段，将在进行结构方程模型分析前，根据问卷的数据分析情况，对研究模型进行修正和细化。

关于认知部分的居民节能知识这一维度，提出如下假设：

假设1：居民节能认知会显著影响美丽山东建设认知。

假设2：居民节能认知会显著影响居民节能行为。

假设3：居民节能认知会显著影响居民节能意愿。

关于美丽山东建设认知这一维度，提出如下假设：

假设4：美丽山东建设认知会显著影响居民节能意愿。

假设5：美丽山东建设认知会显著影响居民节能行为。

关于情境结构因素这一维度，提出如下假设：

假设6：情境结构因素会显著影响居民节能意愿。

假设7：情境结构因素会显著影响居民节能行为。

根据以上假设，将初步构建居民节能—美丽山东建设认知良性互动理论模型，展开实证研究，分析结果，讨论对策。

三、理论模型构建

本节旨在探讨居民节能认知、节能意愿、节能行为与美丽山东建设之间的相互关系。根据以上假设，为探究美丽山东建设认知对山东居民节能行为传导机制，初步构建居民节能—美丽山东建设认知良性互动理论模型。整体模型架构如图5-27所示。

四、研究对象及抽样方法

为全面了解山东居民节能认知与节能行为状况，发现美丽山东建设中存在的问题，探究美丽山东建设认知对山东居民节能行为传导机制，本次调研的研究对象为全体山东常住人口。但由于地理分布的差异、经济状况、家庭状况以及个体心理情况的差异，导致居民节能认知、节能行为等差异，为了准确、快速地得出调查结果，此次调查决定采用随机抽样法，选择政治文化中心济南市、经济旅游中心青岛市、传统能源城市东营市及济宁市以及日照市等关键地区进行调研及访谈。

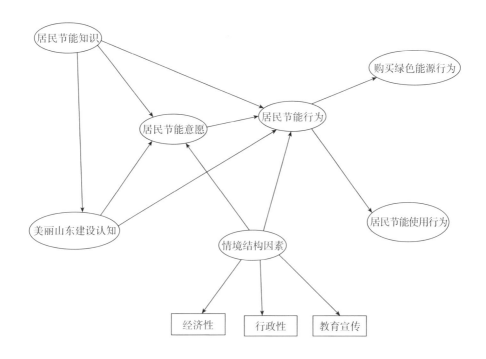

图 5 – 27 居民节能—美丽山东建设认知良性互动理论模型

五、量表及问卷设计

量表的设计工作主要采用了文献回顾法、访谈法、问卷调查法的实证研究方法来展开。以上这些研究设计主要就是为量表的构建而服务的。因此本节主要采用的就是问卷调查的实证研究方法。首先，通过文献综述确定量表构建的理论基础，提取了居民节能知识、居民节能意愿、购买绿色能源行为、居民节能使用行为、情境结构因素等维度及其题项，并根据所研究实际问题，设定美丽山东建设认知这一维度，编制了相关题项。其次，访谈则是与一些不同行业不同背景的山东常住居民进行小规模的访谈，在明确理论分析的基础上，对山东省居民节能认知和节能行为实际情况有了一个清晰的认识，通过修订从而形成预试量表。最后，再与一两位该领域的专家进行交流，根据他们的意见再一次进行修正，从而形成科学的正式量表。

为了探讨居民节能认知、行为和"美丽山东建设"认知之间的互动关系，笔者依据前述章节的研究框架和变量衡量量表，设计调查问卷。但考虑到可能的产业特性与语意表达上的问题，笔者对设计出的问卷实施了小规模前测，邀请 15 位身边的同学参加问卷填答。请被测的参与者在填答问卷中遇到任何问题，都及时向笔者提出，并交流修改方式。在此基础上，笔者对问卷作了进一步的完善，并制定最终的调查问卷并大规模发放。

问卷内容共分三个部分。第一部分是卷首语。第二部分为主要调查内容。在该部分，特设了遴选题和逆向问题，以更加接近受访者的真实情况。第三部分主要调查受访者的个人资料，包括性别、年龄、学历、职业、家庭结构等描述要素。本问卷采用李克特五点量表来计分，将观点予以量化，分为非常认同、比较认同、说不清楚、不太认同、不认同五个类别，依序给予 5、4、3、2、1 分。

六、实证研究

本节将针对回收的问卷进行统计分析，并且解释分析结果以验证假设。在第一部分将进行描述性统计分析，以了解样本的背景数据；第二部分进行题项选取，运用 SPSS 17.0 做数据的降维处理；第三部分是量表的信度分析，采用 Cronbach's α 系数衡量问卷量表的内部一致性；第四部分是效度分析，包括探索性因子分析和验证性因子分析，首先通过球形度检验与主成分分析完成探索性因子分析，再利用结构效度检验来完成验证性因子分析，最后对内容效度做定性衡量；第五部分则是利用线性结构方程来构建居民节能—美丽山东建设认知良性互动实证模型，以验证模型与实际数据是否拟合，并建立因果关系路径，分析美丽山东建设认知对山东居民节能行为传导机制。以下各部分将分别陈述各项统计分析结果。

（一）样本描述性统计

以问卷调查为主，通过问卷调查获取研究数据，具体问卷调查实施过程如下：

根据专家访谈结果和理论分析完成"居民节能行为与美丽山东建设调查问卷"的设计与制作，然后对调查人员进行相关培训工作，最后组织发放问卷开展调查。把调查问卷平均分发给各调查人员，统一选择上午 8 点至下午 5 点这段时间开始进行调查。在入户调研发放问卷时说明调查目的，并声明在填写完调查问卷后将被赠送一份精美的礼物，以提高被调查者的积极性，使其认真填写问卷，从而保证调查结果的客观有效。被调查人员在填写问卷过程中，调查员应认真解答疑问，耐心等待。为确保调研结果的客观性，调查员应当及时收回问卷。

由于调查形式的不同，对调查者所提出的要求也有所差异。访谈前调查员要做好充分的准备、列出调查所要了解的所有问题。调查者在访谈过程中应占据主导地位，把握整个谈话的方向，能够准确筛选谈话并快速做好笔记，以得到真实有效的调查结果。

通过以上所述方式发放了问卷 600 份，实际共有 600 个家庭参与本次调查，最后共回收 550 份问卷，扣除没有参与过培训以及明显草率勾选者后，本次调查的有效回收问卷为 517 份，有效问卷回收率为 86.2%。

（二）基本资料描述性统计

对有效样本资料的描述性统计分析，能够更清楚地反映样本的整体特征。统计结果显示，从调查对象的性别来看，男性占 51.26%，女性占 48.74%；从年龄结构来看，25～40 岁的受访者最多，占 43.91%，41～60 岁的受访者次之，占 31.33%，样本整体的结构性较好，具有广泛的代表性。从学历结构来看，受过高等教育（本科及以上学历）的受访者占到 40.4%。从家庭结构来看，主要以 3 口之家为主，占到总样本的 43.52%。从家庭收入来说，2000~5000 元的家庭收入人口较多，占到 43.52%。另外，受访者的职业也具有广泛的代表性（见表 5-1）。

表 5-1 样本人口统计学分布

原因变量	定义	编码	样本数或频数	比率或频率（%）
性别	男	1	265	51.26
	女	2	252	48.74
年龄	25 岁以下	1	34	6.58
	25~40	2	227	43.91
	41~60	3	162	31.33
	60 岁以上	4	93	17.99
最高学历	初中及以下	1	137	26.50
	高中中专	2	172	33.27
	大专本科	3	186	35.98
	研究生	4	21	4.06
家庭结构	独居	1	66	12.77
	两口	2	98	18.96
	3 口	3	225	43.52
	4 口	4	88	17.02
	4 口以上	5	40	7.74
家庭收入	2000 元以下	1	118	22.82
	2000~5000 元	2	277	53.58
	5000~10000 元	3	98	18.96
	10000~20000 元	4	15	2.90
	20000 元以上	5	9	1.74
职业	政府人员	1	69	13.35
	工人、服务员	2	152	29.40
	企业管理人员	3	49	9.48
	技术人员	4	18	3.48
	科教卫生人员	5	34	6.58
	自由职业者	6	87	16.83
	其他	7	108	20.89

（三）题项提取

由于该问卷共涉及40多个问题，每一个问题可以是影响居民节能认知行为的一个指标，各个题项对于核心问题的影响程度也不尽相同，有的题项对居民节能影响较大，有的题项对居民节能影响较小，所以我们表征居民节能认知行为等影响因素时，需要对题项进行提取，用较少的指标表征绝大多数问题。因此，我们需要借助SPSS统计学软件对数据进行降维，用少数几个因子去描述绝大多数指标或因素之间的联系。

要进行巴特莱特的球形度检验（Bartlett's Test of Sphericity），求出各个变量的KMO（Kaiser-Meyer-Olkin）值。球形度检验可用来检验各变数间的相关系数是否不同且大于零，显著的球形检验表示相关系数可以作为因子分析抽取因素之用。KMO指的是取样适当性量数，KMO值越大表示变量间的共同因素越多，越适合做因子分析。一般KMO值的判断标准是0.7以上表明适合做因子分析；0.5~0.7不太适合；若KMO的值小于0.5，则不适合做因子分析。经过计算，结果见表5-2。

表5-2 KMO和Bartlett的球形度检验

取样足够度的Kaiser-Meyer-Olkin度量		0.828
Bartlett的球形度检验	近似卡方	5909.592
	df	820
	Sig.	0

表5-2中KMO值为0.828，说明本书研究所收集的数据结构性较强，适合做因子分析，对数据进行降维处理。故本次调查结果经过SPSS17.0统计分析，所得因子分析结果见表5-3。

由因子分析结果可以看出，数据可以凝聚为6个因子，分别是居民节能知识、居民节能意愿、购买绿色能源行为、居民节能使用行为、情境结构因素、美丽山东建设认知。其中，居民节能知识包括问题"A5""A6"；居民节能意愿包括问题"B15""B16""B17"；购买绿色能源行为包括问题"B3""B4""B5"；居民节能使用行为包括问题"B6""B7""B9""B12""B13"；情境结构因素包括问题"B18""B19""B22""B23"；美丽山东建设认知包括问题"C1""C2""C5""C6"。

表 5 – 3　因子分析结果

题项	成分					
	美丽山东建设认知	情景结构因素	居民节能意愿	居民节能使用行为	购买绿色能源行为	居民节能知识
A5						0.813
A6						0.773
B3					0.588	
B4					0.690	
B5					0.569	
B6				0.661		
B7				0.752		
B9				0.620		
B12				0.457		
B13				0.558		
B15			0.681			
B16			0.726			
B17			0.725			
B18		0.518				
B19		0.722				
B22		0.686				
B23		0.560				
C1	0.604					
C2	0.721					
C5	0.690					
C6	0.583					

（四）问卷信度分析

信度（Reliability）又称可靠性，是关于一种现象的衡量提供的稳定性和一致性结果的程度。信度有两个维度：可重复性（Repeatability）和内在一致性（Internal Consistency）。目前主要的测量指标是内在一致性。

内在一致性是用来衡量构造变量项下的每一个测度条款与衡量该构造变量的其他条款之间相关能力的一种重要的验证性测度。在单一维度内，考察各测量条款之间内在一致性的被普遍使用的指标是 Cronbach's Alpha 系数。Guielford（1965）认为该系数大于 0.7 则表示内部一致性高，0.35 ~ 0.7 表明内部一致性尚可，可以做相关调整，系数小于 0.35 则表示内部一致性低，整个问卷可能要重新设计。

对内在一致性的判断，我们不仅可以通过 Cronbach's Alpha 系数来判断问卷整体构造是否合格，还可以根据"个项—总量修正系数"（Corrected Item - total Correlation）对测量题项进行修正，一般而言，如果某个题项的修正系数小于 0.5，通常都要删除该题项。

利用 SPSS17.0 对构造变量进行信度分析，本节测量变量的内在一致性分析结果见表 5 - 4。

由表 5 - 4 可知，整体 Cronbach's Alpha 值为 0.820，远大于 0.7，表明数据的整体一致性高；居民节能知识、居民节能使用行为、美丽山东建设认知三个维度的 Cronbach's Alpha 值分别为 0.745、0.717、0.726，均大于 0.7，表明这三个维度的内部一致性较高；居民节能意愿、购买绿色能源行为、情景结构因素三个维度的 Cronbach's Alpha 值分别为 0.684、0.624、0.680，均在 0.6 ~ 0.7，表明内部一致性尚可。

（五）问卷效度分析

所谓效度就是指量表（问卷）所测量的结果能否真正反映测量的目的和意图。效度分析的过程包括探索性因子分析和验证性因子分析，目的是提炼最有代表性的度量因子，保证最终量表的可行性和有效性。

表 5 - 4　信度分析结果

维度	对应题项	各维度 Cronbach's Alpha	整体 Cronbach's Alpha
居民节能知识	A5	0.745	
	A6		
居民节能意愿	B15	0.684	
	B16		
	B17		
购买绿色能源行为	B3	0.624	
	B4		
	B5		
居民节能使用行为	B6	0.717	0.820
	B7		
	B9		
	B12		
	B13		
情境结构因素	B18	0.680	
	B19		
	B22		
	B23		
美丽山东建设认知	C1	0.726	
	C2		
	C5		
	C6		

1. 探索性因子分析

探索性因子分析主要是进行巴特莱特的球形度检验，求出各个变量的 KMO 值。球形度检验可用来检验各变数间的相关系数是否不同且大于零，显著的球形度检验表示相关系数可以作为因子分析抽取因素之用。KMO 指的是取样适当性量数，KMO 值越大表示变量间的共同因素越多，越适合做因子分析。在前文中已经得出所收集数据的 KMO 值为 0.828，说明整个数据的效度良好，本部分主要针对各个维度进行 KMO 检验。同样采用 SPSS 17.0 统计软件进行分析，所得结果如表 5 - 5 所示。

由表 5 - 5 可知，各维度的 KMO 值均在 0.5 ~ 0.74，其中居民节能知识的 KMO 值为 0.5，居民节能意愿、购买绿色能源行为、情景结构因素这三个维度的 KMO 值均大于 0.6，居民节能使用行为和美丽山东建设认知这两个维度达到 0.7 以上，表明各维度变量的数据适合用于因子分析（见表 5 - 5）。

表 5 - 5　效度分析结果

维度	对应题项	各维度 KMO 值	整体 KMO 值
居民节能知识	A5	0.50	0.828
	A6		
居民节能意愿	B15	0.655	
	B16		
	B17		
购买绿色能源行为	B3	0.628	
	B4		
	B5		
居民节能使用行为	B6	0.740	
	B7		
	B9		
	B12		
	B13		
情境结构因素	B18	0.696	
	B19		
	B22		
	B23		
美丽山东建设认知	C1	0.703	
	C2		
	C5		
	C6		

2. 验证性因子分析

本节主要针对结构效度进行分析，结构效度即验证性因子分析。以下先对结构效度的检验指标和检验标准进行说明。

前文已经用 SPSS 软件对量表进行了探索性因子分析（EFA），初步确定量表的因子结构。为了验证以上因子分析结果的信度和效度，分别针对以上量表进行一系列的验证性因子分析。如果验证性因子分析得出的拟合效果比较好，就可以验证在上述探索性因子分析中得到量表的潜在结构。

结构方程模型结构效度是否通过检验，从两个方面判断：

（1）模型整体拟合优度指标。常用的模型拟合优度指标有：卡方 χ^2 统计量、P 值、GFI（适合度指标）、AGFI（调整后的适合度指标）、RMSEA（平均近似值误差平方根）、CFI（精简式拟合优度指标）、IFI（渐近式拟合优度指标）、NFI（基准拟合优度指标）、RMR（平均残差平方根）。

美国社会统计学家 Blair Wheaton 等（1987）认为，卡方值与自由度之比 χ^2/df 在 5 以内，表明模型与数据的拟合是可以接受的。但是美国社会统计学家 Niemi 等（1986）认为卡方值与自由度之比应该在 3 之内才是可以接受的。此外学术界普遍认为，NFI、CFI、IFI、GFI、AGFI 大于 0.90，模型与数据的拟合程度很好；对于 RMSEA，一般小于 0.08，而 Steiger（1990）认为小于 0.1 表示拟合程度较好，低于 0.05 说明拟合程度很好，低于 0.01 表明拟合程度非常出色。表 5-6 是经总结的结构方程模型整体拟合优度标准。

表 5-6　测量模型整体拟合优度标准

拟合指标	最佳标准	可接受标准
GFI	>0.9	>0.8
AGFI	>0.8	>0.8
RMR	<0.05	<0.08
RMSEA	<0.05	<0.08

续表

拟合指标	最佳标准	可接受标准
NFI	>0.9	>0.9
CFI	>0.9	>0.9
IFI	>0.9	>0.9
χ^2/df	<3	<5

（2）内部拟合优度指标。内部拟合优度指标主要采用内敛效度，用潜变量与题项之间的因子载荷来检验，应在临界水平 0.5 以上，并且 P 值达到显著性水平。对每个变量的效度都要进行以上的检验，检验的分析工具是 AMOS 17.0。运用 AMOS 17.0 软件对结构方程模型结构进行分析，所得测量结果见表 5 - 7。

表 5 - 7　结构方程模型整体拟合优度

拟合指标	模型实际指标	最佳标准	可接受标准	能否接受
GFI	0.855	>0.9	>0.8	能
AGFI	0.801	>0.8	>0.8	能
RMR	0.063	<0.05	<0.08	能
RMSEA	0.067	<0.05	<0.08	能
NFI	0.984	>0.9	>0.9	能
CFI	0.921	>0.9	>0.9	能
IFI	0.901	>0.9	>0.9	能
χ^2/df	2.345	<3	<5	能

由以上分析可知，模型的拟合程度良好，各项指标均在可以被接受的范围内，从而验证了前述探索性因子分析中得到的量表的潜在结构。

（六）居民节能—美丽山东建设认知良性互动实证模型分析

根据探索性因子分析及验证性因子分析结果，利用线性结构方程，建立居民节能—美丽山东建设认知良性互动实证模型，如图 5 - 28 所示，验证模型与实际数据是否拟合。

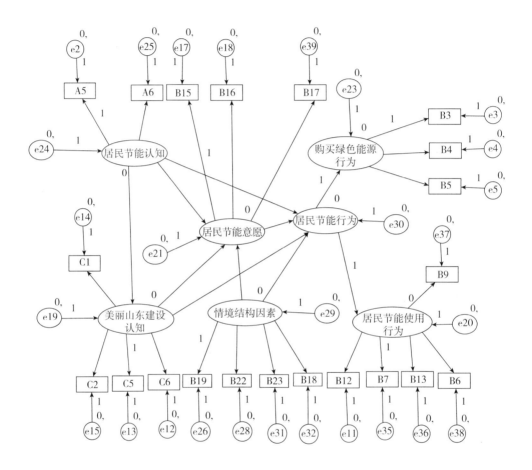

图 5 - 28　居民节能—美丽山东建设线性结构方程模型

运用 AMOS 17.0 软件，建立如图 5 - 28 所示线性结构方程模型，导入问卷数据，运行计算得出居民节能认知、美丽山东认知与节能行为因果关系路径系数图，如图 5 - 29 所示。

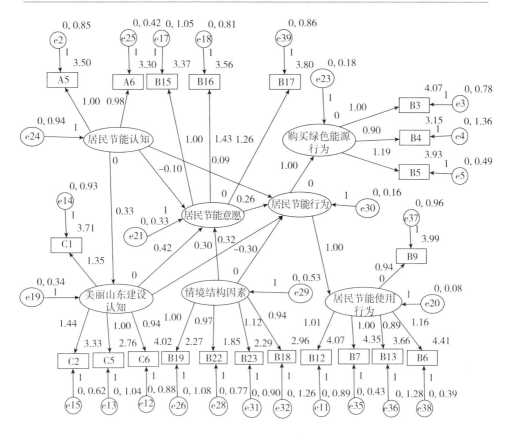

图 5 - 29 居民节能认知、美丽山东认知与节能行为因果关系路径系数图

对居民节能认知、美丽山东建设认知、情境结构因素、购买绿色能源行为、居民节能使用行为、居民节能意愿的回归权重见表 5 - 8。由表 5 - 8 可知，居民节能认知、美丽山东建设认知、情境结构因素、购买绿色能源行为、居民节能使用行为、居民节能意愿对其观测变量的影响均是显著的。数据处理结果分析如下：

（1）居民节能知识对美丽山东建设认知的影响系数为 0.326，P 值检验通过，表明居民节能知识会显著影响美丽山东建设认知，居民节能知识和美丽山东建设认知是正相关，假设 1 成立；因此积极宣传生态文明建设，提高居民节能意识，将有助于提高居民美丽山东建设认知。

（2）居民节能知识对居民节能行为的影响不够显著，P值检验虽然不显著，但是影响系数为0.090，说明即使有足够的节能认知，却不一定会产生节能行为，还需进一步刺激居民意识到环境保护的迫切性，引导居民实施节能行为。

（3）居民节能知识对居民节能意愿的影响不够显著，影响系数为−0.095，P值没有通过检验，表明虽然拥有节能认知但不一定产生节能意愿，进而可能不产生节能行为。

（4）美丽山东建设认知对居民节能意愿的影响系数为0.422，P值检验通过，证明了假设4，表明美丽山东建设认知会显著提高居民节能意愿。

（5）美丽山东建设认知对居民节能行为的影响系数为0.296，P值检验通过，假设5成立，表明美丽山东建设认知会促使居民节能行为的实施。

（6）情境结构因素对居民节能意愿的影响系数为0.338，P值检验通过，情境结构因素会显著影响居民节能意愿，节能产品价格、水电价格、政府补贴、开征碳税等都将有效地刺激居民的节能意愿。

（7）情境结构因素对居民节能行为的影响系数为0.317，P值检验通过，情境结构因素会显著影响居民节能行为，情境结构因素可以通过影响居民节能意愿进而影响节能行为。

表5−8　回归结果

			Estimate	S. E.	C. R.	P	Label
美丽山东建设认知	< − − −	居民节能知识	0.326	0.048	6.847	***	par_ 9
居民节能意愿	< − − −	居民节能知识	−0.095	0.048	−1.978	0.048	par_ 1
居民节能意愿	< − − −	美丽山东建设认知	0.422	0.084	5.047	***	par_ 4
居民节能意愿	< − − −	情境结构因素	0.338	0.070	4.825	***	par_ 15

续表

			Estimate	S. E.	C. R.	P	Label
居民节能行为	< - - -	居民节能知识	0.090	0.038	2.379	0.017	par_ 2
居民节能行为	< - - -	美丽山东建设认知	0.296	0.067	4.449	***	par_ 3
居民节能行为	< - - -	居民节能意愿	0.263	0.064	4.140	***	par_ 5
居民节能行为	< - - -	情境结构因素	0.317	0.060	-5.319	***	par_ 14
居民节能使用行为	< - - -	居民节能行为	1.000				
购买绿色能源行为	< - - -	居民节能行为	1.000				
B3	< - - -	购买绿色能源行为	1.000				
B5	< - - -	购买绿色能源行为	1.193	0.099	12.056	***	par_ 6
B6	< - - -	居民节能使用行为	1.164	0.082	14.139	***	par_ 7
B12	< - - -	居民节能使用行为	1.013	0.093	10.885	***	par_ 8
C6	< - - -	美丽山东建设认知	0.938	0.104	9.044	***	par_ 10
B7	< - -	居民节能使用行为	1.000				
B9	< - - -	居民节能使用行为	0.939	0.093	10.104	***	par_ 11
B4	< - - -	购买绿色能源行为	0.897	0.104	8.653	***	par_ 12
B16	< - - -	居民节能意愿	1.432	0.154	9.314	***	par_ 13
C5	< - - -	美丽山东建设认知	1.000				
B15	< - - -	居民节能意愿	1.000				
B13	< - - -	居民节能使用行为	0.887	0.102	8.717	***	par_ 16
C2	< - - -	美丽山东建设认知	1.441	0.135	10.674	***	par_ 17
C1	< - - -	美丽山东建设认知	1.347	0.132	10.212	***	par_ 18
A5	< - - -	居民节能知识	1.000				
A6	< - - -	居民节能知识	0.983	0.112	8.742	***	par_ 19
B17	< - - -	居民节能意愿	1.263	0.136	9.269	***	par_ 20

续表

			Estimate	S. E.	C. R.	P	Label
B18	< - - -	情境结构因素	1.000				
B19	< - - -	情境结构因素	1.059	0.129	8.194	***	par_ 21
B22	< - - -	情境结构因素	1.022	0.120	8.517	***	par_ 22
B23	< - - -	情境结构因素	1.186	0.137	8.634	***	par_ 23

第四节　本章小结

本章通过居民节能—美丽山东建设良性互动模型的实证分析对假设模型进行验证，我们得出"美丽山东建设"认知对山东居民节能行为传导机制：居民节能知识会显著提高美丽山东建设认知；居民节能认知对居民节能行为的影响并不显著，即使有足够的节能认知，不一定会产生节能行为；居民节能认知对居民节能意愿的影响不够显著，表明虽然拥有节能认知但不一定产生节能意愿，进而可能不产生节能行为；美丽山东建设认知会显著增强居民节能意愿，促使居民节能行为的实施；美丽山东建设认知会显著影响居民节能行为；情境结构因素会显著影响居民节能意愿，节能产品价格、水电价格、政府补贴、开征碳税等都将有效地刺激居民的节能意愿；情境结构因素也可以直接影响居民节能行为。

根据美丽山东建设认知对山东居民节能行为的传导机制以及发现的问题，对于如何促进居民节能行为，提出以下建议：

继续加大对节能行为的宣传力度，提高居民节能认知，提高居民节能意识，有助于提高对美丽山东建设的认知；积极宣传生态文明建设，美丽山东建设，充分利用网络媒体覆盖面广、互动性强、影响力大的宣传优势，全方位、多角度集中展示山东各地建设美丽山东的新思路、新进展、新举措、新气象，营造良好的舆论氛围，使美丽山东建设理念深入人心，进而提高居民对美丽山东建设认知，使居民产生节能意愿实施节能行为；需采取措施，进一步刺激居民意识到环境保护的迫切性，引导居民将节能认知转化为节能意愿，并进一步转化为节能行为；降低节能产品价格，加大政府家电补贴力度，直接把补贴发放到居民手中；水电价格阶梯定价，分时段定价，提高用电高峰时段价格，开征适度的碳税，运用价格杠杆，引导居民提高美丽山东建设认知，从而实施节能行为。

第六章　结论与展望

第一节　研究结论

研究内容共包括居民燃油消费水平、结构的空间关系及纵向演变，油价和燃油税率对居民燃油消费溢出效应研究，居民节能认知以及能源消费行为三大部分。

一、居民燃油消费水平、结构的空间关系及纵向演变研究结论

对于不同地区居民燃油消费水平的研究，采用聚类分析将 30 个省份分为五类地区。根据分类结果可以发现不同地区之间燃油消费水平的差异是以各地区的经济社会的发展程度的差异为基础所体现出来。进而采用面板回归研究发现不同类地区居民燃油消费的影响因素存在差异。较高的经济发展水平带来的居民燃油消费的增加已开始趋于饱和，在这两类地区均是 lub 的影响系数最大，在这些地区燃油消费的增加更依赖于较高的城镇化水平。而在燃油消费较

少的第一、第二类地区，经济发展依旧是驱动居民燃油消费增长的主要因素。

进而采用动态空间面板回归模型，研究居民燃油消费的空间相关性，根据回归进一步证明我国居民燃油消费确实存在动态性和空间相关性。在前 5 组动态空间面板模型中，*lcar* 的影响系数仍均在10%的水平下显著为正，结合面板回归结果均证明当前我国汽车保有量确实对居民燃油消费存在显著的促进作用。并且相比于相邻和地理距离矩阵，在经济距离矩阵的 SDM 模型中周围地区的城镇化水平依旧在10%的水平下显著为正，与静态空间面板回归结果相一致，进一步证明地区城镇化水平对周边地区燃油消费的促进作用。也说明相比于地理位置，经济社会发展的空间溢出效应更加显著地促进居民燃油消费的增加。

二、对于居民燃油消费结构的研究

在研究中，将不同地区居民汽油消费占汽柴油消费比例来表示居民燃油消费结构。也同样采用聚类分析将 30 个省市自治区分为四类地区。与消费水平类似，居民燃油消费结构的差异也多以地区经济发展水平的差异所体现。采用分地区及整体面板回归，发现居民汽油消费的增加会促进汽油消费占比的增大，更加巩固以汽油消费为主的居民燃油消费结构。并且不同地区的居民燃油消费结构不仅存在动态性，而且还有显著的地区差异性，在汽油消费占比较大的地区，居民以汽油为主的燃油消费结构更加难以改变。

通过建立居民燃油消费结构的空间面板模型，进一步发现居民燃油消费结构也存在连续性和空间性，并且无论在静态还是动态空间回归结果中，居民燃油消费水平均在1%的水平下显著为正。进一步证明当前我国居民仍旧以汽油消费为主，汽油的消费增速快于对柴油等其他成品油。政府考虑通过实行"双积分"政策推动新能源汽车产业的发展，来调控居民汽油消费量尤为可行。

三、油价和燃油税率对居民燃油消费溢出效应研究

本部分通过建立 CGE 模型和面板回归来研究油价、税率对居民燃油消费的影响。

1. 油价对居民燃油消费溢出效应

根据模型结果可以发现，油价上涨对居民燃油消费存在显著的抑制作用，其中相比于城镇居民，农村居民对油价的变化更加敏感，对燃油消费支出的下降幅度明显高于城镇居民。但由于在燃油价格上涨导致通货膨胀下，农村居民整体福利损失也明显大于城镇居民。可见油价上涨对低收入群体的日常生活影响更大。并且当油价上涨时对 GDP 的增长也存在着的显著的抑制，并且在长期中抑制作用呈现出增长趋势。接着通过面板回归，从微观角度研究居民燃油消费的受影响情况，发现当以 2009 年为界，对前后 2 个时间段分别进行面板回归，可以发现 2009 年以后，油价对居民燃油消费的抑制系数显著增加。燃油税制改革增强了油价对于居民燃油消费的规制效果。

2. 燃油税对居民燃油消费溢出效应

根据 CGE 模型结果，从燃油消费量来看，提升油价和税率均可以减少农村和城镇居民的燃油消费。但在模型中燃油税征收采用从价税的形式，燃油税率的提高直接作用于油价上涨。但相比于油价，税率调高时的规制效果相对较小。并且与油价作用结果类似，燃油税率的提高在对居民燃油消费起到限制效果的同时，也会抑制经济发展和居民福利的增加。

分别模拟油价和燃油税率均上涨时对居民燃油消费的规制效果，发现当税率、油价均上调时，城乡居民遭受的福利损失更大。其中相比于城市居民，农村居民对油价和税率调整的反应更明显，整体福利水平的下降幅度也更大，调高油价和税率也会进一步拉大城乡差距。综合来看，燃油税和油价对居民燃油消费的制约作用有限。燃油税及油价在调控居民燃油消费上并不占据主导作

用，也难以成为政府规制居民燃油消费的长久之策，也进一步说明政府发展新能源汽车，减少燃油车产销的必要性和正确性。

四、居民节能认知以及能源消费行为研究结论

为研究居民"美丽山东建设"认知对其节能消费行为、观念的影响，本部分通过设计调查问卷收集数据，进而构建 SEM 模型研究发现，"美丽山东建设"认知对山东居民节能行为存在传导机制：相比于居民节能认知，居民节能知识会显著提高美丽山东建设认知；居民节能认知对居民节能意愿的影响不够显著，表明虽然拥有节能认知但不一定产生节能意愿，进而可能不产生节能行为；美丽山东建设认知会显著增强居民节能意愿，促使居民节能行为的实施；美丽山东建设认知会显著影响居民节能行为；并且除去"美丽山东建设"认知外，节能产品价格、水电价格、政府补贴等相关因素都能提高居民的节能意愿，直接影响居民节能行为。

第二节　研究不足与展望

在研究的第一部分居民燃油消费水平、结构的纵向变化时，采用分地区面板回归的方式，研究地区 GDP、油价等因素对于居民燃油消费的影响，所用数据均为年度数据。在实际生活中，居民燃油消费受油价影响变化较大，相比于年度数据，采用月份数据更能准确地描述出不同地区居民燃油消费的变化，而且所用的油价数据因查找限制，选择用 90 号汽油的年平均价格表示，相比于90 号汽油，居民对 92 号汽油使用相对较多。但此次研究并没有找到 2001 ~ 2015 年 30 个省份 92 号汽油价格。相比于构建年度数据的面板回归，如果能查

找出不同地区的居民燃油消费和油价的月份数据，进而构建两者的脉冲响应函数、VAR 模型，则能更加准确地发现油价对居民燃油消费的具体影响程度。并且对于地区的 GDP、居民消费支出等其他解释变量也只能找到年度数据，也在一定程度上限制了研究的进一步开展。

在研究的第二部分通过构建 CGE 模型研究油价和燃油税率对居民燃油消费的溢出效应，只构建了石油开采业、石油制造业、汽车制造业和道路运输业四个行业，以及居民、政府等主体。所纳入模型中的行业相对较少，对实际宏观经济的模拟情况存在一定的偏差，在燃油税率的设置上，将居民对于所有成品油的消费视为一个整体，统一按照从价税的形式设置燃油税率，但在实际生活中成品油的种类众多，政府所征收的税率以及征收形式也均存在差异，并且居民主要以汽油消费为主，在如何准确地划分居民对汽柴油等成品油的消费，以及设置不同形式的税率上没有进一步深入研究，所构建的模型也相对简单，没能更加准确地分析出油价和税率变动对居民燃油消费溢出程度的影响。因此如何进一步构建出详细精确的 CGE 模型对经济社会中存在的问题进行分析也是今后研究中的突破口。

参考文献

［1］Ajzen I. , Thomas J, Madden. Prediction or goal – directed behavior：Attitudes，intentions and perceived behavioral control ［J］. Journal of Experimental Social Psychology，1986（22）：453 – 474.

［2］Alexander Abraham Anfofum, Olure – Bank Adeyinka Michael, Oyefabi Ilemobola Solomon. Oil consumption and economic growth in Nigeria：A multivariate cointegration analysis ［J］. International and Public Affairs，2018，2（1）：11 – 22.

［3］Anna – Lisa Linden, Annika Carlsson – Kanyama, Bjorn Eriksson. Efficient and inefficient aspects of residential energy behaviour：What are the policy instruments for change ［J］. Energy Policy，2006（34）：1918 – 1927.

［4］Anne Zimmer, Nicolas Koch. Fuel consumption dynamics in Europe：Tax reform implications for air pollution and carbon emissions ［J］. Transportation Research Part，2017（106）：22 – 50.

［5］Badi H. Baltagi, Georges Bresson, James M. Griffin, Alain Pirotte. Homogeneous，heterogeneous or shrinkage estimators? Some empirical evidence from French regional gasoline consumption ［J］. Empirical Economics，2003，28（4）：

795 – 811.

［6］Blair Wheaton. Assessment of fit in over identified models with Latent Variables ［J］. Sociological Methods & Research, 1987, 16（1）: 118 – 154.

［7］C. Egmond, R. Jonkers, G. Kok. A strategy to encourage housing associations to invest in energy conservation ［J］. Energy Policy, 2005（33）: 2374 – 2384.

［8］Don Fullerton, Garth Heutel. The general equilibrium incidence of environmental taxes ［J］. Journal of Public Economics, Volume 91, 2007（3）: 571 – 591.

［9］Druckman, T. Jackson. Household energy consumption in the UK: A highly geographically and socio – economically disaggregated model ［J］. Energy Policy, 2008（36）: 3177 – 3192.

［10］Sardianou E. Estimating energy conservation patterns of Greek households ［J］. Energy Policy, 2007, 35（7）: 3778 – 3791.

［11］E. Ziramba. Causal dynamics between oil consumption and economic growth in south africa ［J］. Energy Sources, Part B: Economics, Planning, and Policy, 2015, 10（3）: 250 – 256..

［12］G. S. Maddala, Robert P. Trost, Hongyi Li, Frederick Joutz. Estimation of Short – Run and Long – Run elasticities of energy demand from panel data using shrinkage estimators ［J］. Journal of Business & Economic Statistics, 1997, 15（1）: 90 – 100.

［13］Guagnano G. A., Stern P. C., Dietz T. Influences on attitude – behavior relationships: A natural experiment with curbside recycling ［J］. Environment and Behavior, 1995, 27（5）: 699 – 718.

［14］J. P. Guielford. Fundamental statistics in psychology and education

［M］. New York：McGraw – Hill，1965.

［15］Gwendolyn Brandon，Alan Lewis. Reducing household energy consumption：A qualitative and quantitative field study ［J］. Journal of Environmental Psychology，1999，19（1）：75 – 85.

［16］Hines J. M.，Hungerford，H. R.，Tomera，A. N. Analysis and synthesis of research on responsible environmental behavior：A meta – analysis ［J］. Journal of Environmental Education，1986（18）：1 – 8.

［17］Jinlong Ouyang，Kazunori Hokao. Energy – saving potential by improving occupants' behavior in urban residential sector in Hangzhou City，China ［J］. Energy and Buildings，2009（41）：711 – 720.

［18］John Thogersen，Alice Gronhoj. Electricity saving in households – A social cognitive approach ［J］. Energy Policy，2010（38）：7732 – 7743.

［19］Joreskog K. G.，Sorbom D. Lisrel 8：Structural equation modeling with the simplis Command language ［M］. Chicago IL：Scientific Software，1993.

［20］Kan Zihan，Tang Luliang，Kwan Mei – Po，Zhang Xia. Estimating Vehicle Fuel Consumption and emissions using GPS Big Data ［J］. International Journal of Environmental Research and Public Health，2018，15（4）.

［21］Karen，Jefferson，Liu，Tao. What is driving China's decline in energy intensity？［J］. Resource and Energy Economics，2003，26（1）：77 – 97.

［22］Karl W. Steininger，Birgit Friedl，Brigitte Gebetsroither. Sustainability impacts of car road pricing：A computable general equilibrium analysis for Austria ［J］. Ecological Economics，2007，63（115）：59 – 69.

［23］Linda Steg，Lieke Dreijerink，Wokje Abrahamse. Factors influencing the acceptability of energy policies：A test of VBN theory ［J］. Journal of Environmental Psychology，2005（25）：415 – 425.

［24］ Linda Steg, Promoting household energy conservation ［J］. Energy Policy, 2008 (36): 4449 – 4453.

［25］ L. M. Hang, Tu. The impacts of energy price on energy intensity: Evidence from China ［J］. Energy Policy, 2007, 35 (5): 2978 – 2988.

［26］ Manfred Lenzen, Mette Wier, Claude Cohen, Hitoshi Hayami, Shonali Pachauri, Roberto Schaeffer. A comparative multivariate analysis of household energy requirements in Australia, Brazil, Denmark, India and Japan ［J］. Energy, 2006 (31): 181 – 207.

［27］ Merih Aydinalp, V. Ismet Ugursal, Alan S. Fung. Modeling of the space and domestic hot – water heating energy – consumption in the residential sector using neural networks ［J］. Applied Energy, 2004 (79): 159 – 178.

［28］ Parry. Valuing air quality in Poland ［J］. Environmental & Resource Economics, 2005, 30 (2): 131 – 163.

［29］ Paresh Kumar Narayan, Philip Wong. A panel data analysis of the determinants of oil consumption: The case of Australia ［J］. Applied Energy, 2009, 86 (12): 2771 – 2775.

［30］ Per Gyberg, Jenny Palm. Influencing households' energy behavior – how is this done and on what premises ［J］. Energy Policy, 2009 (37): 2807 – 2813.

［31］ P. L. Lemar, The potential impact of policies to promote pombined heat and power in US industry ［J］. Energy Policy, 2001 (29): 1243 – 1254.

［32］ Poortinga W., Steg, Vlek C. Values, environmental concernand environmental behavior: A study into household energy use ［J］. Environmental Behavior, 2004 (36): 70 – 93.

［33］ Rei – Jo Yamashita, Hsiu – Hsen Yao, Shih – Wei Hung, Acquah

Hackman. Accessing and constructing driving data to develop fuel consumption forecast model [J]. IOP Conference Series: Earth and Environmental Science, 2018, 113 (1): 012217.

[34] Reiss, Peter C., White Matthew W. Evaluating welfare with nonlinear prices [J]. NBER Working Paper Series, 2006 (7).

[35] Niemi R. G., Powell L. W., Bicknell P. L. The effects of congruity between community and district on salience of U. S. House Candidates Legislative Studies Quarterly, 1986, 11 (2): 187 - 201.

[36] R. Galli, The relationship between energy intensity and income levels: Forecasting long term energy demand in Asian emerging countries [J]. The Energy Journal, 1998, 19 (4): 85 - 105.

[37] R. Romero, A. Sandez, J. Morales. Energy consumption behaviour of a residential sector located in the Mexican arid zone: Mexicali, B. C. [J]. Renewable Energy, 2001 (24): 609 - 614.

[38] Sarah E. West. Distributional effects of alternative vehicle pollution control policies [J]. Journal of Public Economics, 2004, 88 (3): 735 - 757.

[39] Scott D., Parker, P., Rowlands, I. H. Determinants of energy efficiency behaviours in the home [J]. Environments, 2000, 28 (3): 73 - 96.

[40] Steiger, James H. Structural model evaluation and modification: An interval estimation approach [J]. Multivariate Behavioral Research, 1990, 25 (2): 173 - 180.

[41] Stewart Barr, Andrew W Gilg, Nicholas Ford. The household energy gap: Examining the divide between habitual and purchase - related conservation behaviours [J]. Energy Policy, 2005 (33): 1425 - 1444.

[42] Sun - Young Park, Seung - Hoon Yoo. The dynamics of oil consumption

and economic growth in Malaysia [J]. Energy Policy, 2014 (66): 218 – 223.

[43] Tommy Garling, Satoshi Fujii, Anita G. arling, Cecilia Jakobsson. Moderating effects of social valueorientation on determinants of proenvironmental behavior intention [J]. Journal of Environmental Psychology, 2003 (23): 1 – 9.

[44] Van Raaij, Th. Verhallen T. A behavioral model of residential energy use [J]. Journal of Economic Psychology, 1983, 3 (1): 39 – 63.

[45] Vera Breniriir, Denise Young. Time – saving innovations, time allocation, and energy use: Evidence from Canadian households [J]. Ecological Economics, 2009 (68): 2859 – 2867.

[46] V. Oikonomou, F. Becchis, L. Steg, D. Russolillo. Energy saving and energy efficiency concepts for policy making [J]. Energy Policy, 2009 (37): 4787 – 4796.

[47] Wokje Abrahamse, Linda Steg. How do socio – demographic and psychological factors relate to households' direct and indirect energy use and savings [J]. Journal of Economic Psychology, 2009 (30): 711 – 720.

[48] Xiaoliang Jia, Haizhong An, Xiaoqi Sun, Xuan Huang, Lijun Wang. Evolution of world crude oil market integration and diversification: A wavelet – based complex network perspective [J]. Applied Energy, 2017, 185 (2): 1788 – 1798.

[49] Y. Q. Jia, H. M. Duan. Is oil consumption constrained by industrial structure? Evidence from China [J]. IOP Conference Series: Earth and Environmental Science, 2017, 81 (1): 1278 – 1285.

[50] Yuanying Chi, Zhengquan Guo, Yuhua Zheng, Xingping Zhang. Scenarios analysis of the energies' consumption and carbon emissions in China based on a dynamic CGE model [J]. Sustainability, 2014 (6): 487 – 512.

［51］Zhengquan Guo, Xingping Zhang, Yuhua Zheng, Rao Rao. Exploring the impacts of a carbon tax on the Chinese economy using a CGE model with a detailed disaggregation of energy sectors. ［J］. Energy Economics, 2014：455 - 462.

［52］柴建, 郭菊娥, 汪寿阳. 能源价格变动对中国节能降耗的影响效应［J］. 中国人口·资源与环境, 2012, 22 (2)：33 - 40.

［53］晁江锋. 国际油价波动对我国宏观经济影响的研究——基于企业生产和居民消费视角的分析［J］. 价格理论与实践, 2018 (3)：99 - 102

［54］陈利顺. 城市居民能源消费行为的评价方法研究［J］. 软科学, 2008 (12)：29 - 33.

［55］陈晓玲, 陈登科. 石油冲击对我国宏观经济影响和货币政策调整［J］. 中国经济问题, 2016 (1)：56 - 70.

［56］程川, 陈蓓, 任绍光. 重庆农村不同家庭能源消费研究［J］. 可再生能源, 2004 (5)：26 - 28.

［57］成金华, 张意翔, 王红兵. 中国能源政策调节效应分析：以能源财税政策为例［J］. 中国地质大学学报 (社会科学版), 2009, 9 (2)：19 - 25.

［58］程胜. 中国农村能源消费及能源政策研究［D］. 华中农业大学博士学位论文, 2009.

［59］丁绪辉, 王柳元, 贺菊花. 国际石油价格与人民币汇率的联动效应研究——基于 VAR 模型的实证分析［J］. 价格理论与实践, 2017 (7)：97 - 100.

［60］范金, 杨中卫, 赵彤. 中国宏观社会核算矩阵的编制［J］. 世界经济文汇, 2010 (4)：103 - 119.

［61］冯怡琳. 城镇居民的节能意识和节能状况［J］. 中国统计, 2008 (8)：15 - 16.

［62］樊茂清, 郑海涛, 孙琳琳, 任若恩. 能源价格、技术变化和信息化

投资对部门能源强度的影响［J］．世界经济，2012，35（5）：22 - 45.

［63］高颖，李善同．征收能源消费税对社会经济与能源环境的影响分析［J］．中国人口·资源与环境，2009，9（2）：30 - 35.

［64］高志远．基于 CGE 模型的能源价格波动对国民经济影响研究［D］．北京：中国矿业大学，2015.

［65］郭国峰，郑召锋．国际能源价格波动对中国股市的影响——基于计量模型的实证检验［J］．中国工业经济，2011（6）：26 - 35.

［66］郭琪．公众节能行为的经济分析及政策引导研究［D］．济南：山东大学，2007.

［67］郝宇，廖华，魏一鸣．中国能源消费和电力消费的环境库兹涅茨曲线：基于面板数据空间计量模型的分析［J］．中国软科学，2014（1）：134 - 147.

［68］贺爱忠，盖延涛，李韬武．农村居民低碳消费行为影响因素的实证研究［J］．安全与环境学报，2011，11（5）：138 - 143.

［69］何凌云，林祥燕．能源价格变动对我国碳排放的影响机理及效应研究［J］．软科学，2011，25（11）：94 - 98.

［70］黄小丽．我国城镇居民直接生活能源消费碳排放空间差异及影响因素研究［D］．杭州：杭州电子科技大学，2013.

［71］揭水晶，何凌云．内部能源价格相对指数对能耗的调节效应——基于技术效率变动视角的研究［J］．资源科学，2014，36（3）：520 - 529.

［72］赖明勇，肖皓，陈雯，祝树金．不同环节燃油税征收的动态一般均衡分析与政策选择［J］．世界经济，2008（11）：65 - 76.

［73］李创，刘倩斐．我国燃油税改革效应模拟分析［J］．资源开发与市场，2014，30（12）：1504 - 1506.

［74］李华，任珺，张洪伟．发展生物能源的环境效益和社会效益分析

［J］．长春大学学报，2009，19（4）：61 - 63.

［75］李婧，谭清美，白俊红．中国区域创新生产的空间计量分析——基于静态与动态空间面板模型的实证研究［J］．管理世界，2010（7）：43 - 55，65.

［76］李建伟．普惠金融发展与城乡收入分配失衡调整——基于空间计量模型的实证研究［J］．国际金融研究，2017（10）：14 - 23.

［77］李艳梅，杨涛．城乡家庭直接能源消费和 CO_2 排放变化的分析与比较［J］．资源科学，2013，35（1）：115 - 124.

［78］李振宇，卢红，朱庆云，王春娇．我国未来汽柴油消费需求预测［J］．中国能源，2014，36（8）：34 - 39.

［79］梁伟．基于 CGE 模型的环境税"双重红利"研究［D］．天津：天津大学，2013.

［80］林珏，闫建勋．石油价格与当前可替代能源供需变动相关性分析［J］．亚太经济，2009（3）：3 - 7.

［81］刘畅，崔艳红．中国能源消耗强度区域差异的动态关系比较研究——基于省（市）面板数据模型的实证分析［J］．中国工业经济，2008（4）：34 - 43.

［82］刘建，熊燕．能源价格差异、比较优势与中国出口贸易——基于国际面板 PPML 模型的经验研究［J］．财贸研究，2018，29（2）：76 - 87.

［83］刘满芝，刘贤贤．中国城镇居民生活能源消费影响因素及其效应分析——基于八区域的静态面板数据模型［J］．资源科学，2016，38（12）：2295 - 2306.

［84］刘学之，黄敬，郑燕燕，沈凤武，王潇晖．碳交易背景下中国石化行业 2020 年碳减排目标情景分析［J］．中国人口·资源与环境，2017，27（10）：103 - 114.

［85］娄峰．碳税征收对我国宏观经济及碳减排影响的模拟研究［J］．数

量经济技术经济研究，2014，31（10）：84－96，109.

［86］陆慧，卢黎. 农民收入水平对农村家庭能源消费结构影响的实证分析［J］. 财贸研究，2006（3）：28－34.

［87］卢红，李振宇，李雪静，朱庆云. 我国汽柴油消费现状及中长期预测［J］. 中外能源，2014，19（1）：18－24.

［88］卢向前. 全国各省市区及中心城市汽油、柴油批发及零售价格表［J］. 国际石油经济，2001（12）：54.

［89］孟艾红. 城市居民低碳消费行为影响因素的实证分析［J］. 中国城市经济，2011（23）：75－78，80.

［90］芈凌云. 城市居民低碳化能源消费行为及政策引导研究［D］. 徐州：中国矿业大学，2011.

［91］牟敦果，王沛英. 中国能源价格内生性研究及货币政策选择分析［J］. 金融研究，2017（11）：81－95.

［92］孔婷，孙林岩，何哲，孙荣庭. 能源价格对制造业能源强度调节效应的实证研究［J］. 管理科学，2008（3）：2－8.

［93］潘家华. 经济要低碳，低碳须经济［J］. 华中科技大学学报（社会科学版），2011，25（2）：76－81，92.

［94］庞军，邹骥，傅莎. 应用CGE模型分析中国征收燃油税的经济影响［J］. 经济问题探索，2008（11）：69－73.

［95］齐绍洲，罗威. 中国地区经济增长与能源消费强度差异分析［J］. 经济研究，2007（7）：74－81.

［96］邱兆林. 山东低碳经济发展的实证分析［D］. 济南：山东财经大学，2012.

［97］饶呈祥. 开征燃油税对中国经济的影响：基于CGE观点［J］. 涉外税务，2008（5）：18－21.

［98］申俊，孙涵，成金华．中国城镇居民完全能源消费的空间计量分析［J］．资源科学，2016，38（3）：439 – 449．

［99］时佳瑞，汤铃，余乐安，鲍勤．基于 CGE 模型的煤炭资源税改革影响研究［J］．系统工程理论与实践，2015，35（7）：1698 – 1707．

［100］时间，沈大军．高耗水工业用水量控制和水价调整政策效果研究：基于水资源动态 CGE 的分析［J］．自然资源学报，2016，31（9）：1587 – 1598．

［101］石敏俊，王妍，朱杏珍．能源价格波动与粮食价格波动对城乡经济关系的影响——基于城乡投入产出模型［J］．中国农村经济，2009（5）：4 – 13．

［102］孙涵，申俊，彭丽思，聂飞飞，於世为．中国省域居民生活能源消费的空间效应研究［J］．科研管理，2016，37（12）：82 – 91．

［103］孙岩．居民环境行为及其影响因素研究［D］．大连：大连理工大学，2006．

［104］隋建利，米秋吉，刘金全．异质性能源消费与经济增长的非线性动态驱动机制［J］．数量经济技术经济研究，2017，34（11）：24 – 43

［105］谭小芬，韩剑，殷无弦．基于油价冲击分解的国际油价波动对中国工业行业的影响：1998～2015［J］．中国工业经济，2015（12）：51 – 66．

［106］田国华．大同市机动车汽油消费的影响因素分析［J］．西安石油大学学报（社会科学版），2013，22（3）：42 – 45，103．

［107］王腊芳．能源价格变动对城乡居民能源消费的影响［J］．湖南大学学报（社会科学版），2010，24（5）：57 – 62．

［108］王敏．"一带一路"能源战略合作研究［J］．经济研究参考，2016（22）：34 – 44．

［109］王世进．国内外能源价格波动溢出效应研究［J］．资源科学，

2013，35（4）：690－696.

［110］王双英，王群伟，陈洪涛．国际石油价格波动对我国石油产业盈利的分化研究［J］．资源与产业，2014，16（3）：12－16.

［111］王效华，张希成，刘涟淮，蒋晓平．户用沼气池对农村家庭能源消费的影响——以江苏省涟水县为例［J］．太阳能学报，2005（3）：125－129.

［112］汪兴东，景奉杰．城市居民低碳购买行为模型研究——基于五个城市的调研数据［J］．中国人口·资源与环境，2012，22（2）：47－55.

［113］汪臻，赵定涛，余文涛．中国居民消费嵌入式碳排放增长的驱动因素研究［J］．中国科技论坛，2012（7）：56－62.

［114］魏巍贤．基于CGE模型的中国能源环境政策分析［J］．统计研究，2009，26（7）：3－13.

［115］乌力吉图，张凤滢．燃油税改革：环境、经济、社会的影响［J］．中国人口·资源与环境，2015，25（S1）：508－510.

［116］萧芦．全国各省（市、区）及中心城市汽柴油批发及零售限价表［J］．国际石油经济，2013，21（10）：109.

［117］肖皓．金融危机时期中国燃油税征收的动态一般均衡分析与政策优化［D］．长沙：湖南大学，2009.

［118］肖宏伟．新型城镇化发展对能源消费的影响研究——基于空间计量模型的实证检验与影响效应分解［J］．当代经济管理，2014，36（8）：12－18.

［119］徐晓亮．清洁能源补贴改革对产业发展和环境污染影响研究——基于动态CGE模型［J］．上海财经大学学报，2018，25（5）：44－58.

［120］徐晓亮，程倩，车莹，许学芬．资源政策调整对减排和环境福利影响——以煤炭资源税改革为例［J］．管理科学学报，2017，20（2）：18－31.

［121］杨福霞，徐江川，杨冕，史岩．能源价格波动、诱导性技术进步与中国环境全要素生产率［J］．中国管理科学，2018，26（11）：31 – 41.

［122］姚昕，潘是英，孙传旺．城市规模、空间集聚与电力强度［J］．经济研究，2017，52（11）：165 – 177.

［123］叶斯博力．大连市居民节能行为影响因素及引导对策研究［D］．大连：大连理工大学，2009.

［124］于航，刘淑娟，李祎彧，于靓．从上海市民的居住生活习惯看能源消耗特征［J］．上海节能，2006（6）：26 – 30.

［125］张欢，成金华．中国能源价格变动与居民消费水平的动态效应——基于 VAR 模型和 SVAR 模型的检验［J］．资源科学，2011，33（5）：806 – 813.

［126］张士强．山东省能源结构优化调整与可持续发展研究［D］．济南：山东师范大学，2004.

［127］张文渊．淮海农场家庭生活用能和能源消费的分析研究［J］．能源研究与信息，2000（1）：52 – 57.

［128］张晓娣，刘学悦．征收碳税和发展可再生能源研究——基于OLG – CGE 模型的增长及福利效应分析［J］．中国工业经济，2015（3）：18 – 30.

［129］张欣．可计算一般均衡模型的基本原理与编程［M］．上海：格致出版社，2010：204 – 216.

［130］张学志，才国伟．基于 VECM 模型的石油消费与经济增长因果关系检验［J］．清华大学学报（自然科学版），2010，50（5）：681 – 685.

［131］张优智，党兴华．能源消费结构与经济增长的动态关联分析［J］．中国管理科学，2014，22（S1）：840 – 845.

［132］张宗益，呙小明，汪锋．能源价格上涨对中国第三产业能源效率的冲击——基于 VAR 模型的实证分析［J］．管理评论，2010，22（6）：

61 – 70.

［133］赵茜. 国际油价冲击对人民币汇率的影响——基于动态局部均衡资产选择模型的分析［J］. 国际贸易问题，2017（7）：164 – 176.

［134］郑玉华，孔盈皓. 中国成品油消费影响因素分析及增长趋势预测［J］. 天然气与石油，2017，35（5）：130 – 136.

［135］庄贵阳. 广元市：低碳发展助推后发地区"发展起跳"［J］. 中国科技投资，2011（7）：44 – 46.

附 录

附表 1　第一地区汽油消费量

年份	海南	青海	宁夏
2001	31.37	17.61	12.36
2002	35.6	16.1	14.37
2003	19.79	17.16	22.6
2004	34.21	16.81	35.49
2005	39.48	17.5	24.89
2006	33.24	18.39	18.97
2007	46.6	16.42	19.16
2008	38.85	21.38	20.66
2009	47.62	23.17	20.95
2010	52.63	26.19	22.68
2011	60.5	28.97	20.8
2012	65.05	29.91	23.36
2013	72.13	32.85	20.04
2014	80.16	37.17	21.77
2015	92.77	44.96	36.08

附表2 第二地区汽油消费量

年份	山西	吉林	重庆	甘肃	江西	贵州	广西	云南	内蒙古	陕西	新疆	天津	黑龙江
2001	88.77	93.61	64.14	103.96	60.37	47.83	65.87	111.47	72.1	78.16	86.35	116.27	269.84
2002	89.23	96.99	65.41	97.37	82.19	50.48	84.37	97.6	79.35	95	86.7	94.76	258.57
2003	89.27	103.41	65.87	97.82	59.63	58.94	116.7	106.1	96.63	105.43	91.35	106.42	310.17
2004	79.78	111.12	76.37	77.47	61.82	67.23	129	111.47	151.3	144.96	110.91	118.71	321.58
2005	95.23	166.94	77.53	86.9	64.49	67.52	146.48	122.95	192.41	196.7	106.73	118.96	312.19
2006	113.41	193.01	86.22	88.03	65.99	78.94	183.65	128.12	211.75	210.66	117.82	127.84	345.32
2007	124.82	203.92	86.46	87.66	70.61	85.65	197.7	158.11	236.12	286.77	124.51	140.15	376.01
2008	236.63	130.3	96.59	50.18	75.68	123.42	202	178.86	260.88	219.13	123.66	148.76	278.97
2009	262.41	138.44	90.54	50.14	77.21	129.99	216.28	193.27	279.51	248.49	121.87	181.03	319.4
2010	228.35	166.61	102.63	56.57	155.23	143.36	247.68	232.49	325.68	255.23	131.17	205.12	363.79
2011	216.88	181.51	144.97	58.77	182.76	145.23	259.48	250.34	310.24	279.6	138.84	222.57	466.56
2012	224.61	182.6	144.63	65.8	198.42	158.3	285.41	287.51	302.53	287.01	154.63	253.75	465.99
2013	215.87	178.94	161.7	122.89	236.92	195.4	224.21	280.01	255.23	220.98	209.36	212.24	277.59
2014	202.32	193.36	181.64	128.98	251.8	217.38	244.3	297.74	271.66	229.92	215.84	226.82	314.28
2015	208.48	178.01	199.98	158.2	284	293.99	290.89	312.95	305.76	249.51	254.5	263.73	342.07

附表3 第三地区汽油消费量

年份	河北	安徽	福建	湖南	北京
2001	141.85	70.35	106.35	113.7	138.69
2002	147.41	73.9	132.76	134.63	152
2003	157	76.7	138.66	135.93	165.22
2004	169.86	78.18	192.15	160.47	198.39
2005	221.91	86.41	199.81	271.88	235.23
2006	263.78	97.8	208.05	263.24	278.16
2007	249.04	114.91	264.17	271.67	324.72
2008	211.11	127.37	250.48	231.8	340.92
2009	212.06	140.4	263.64	246.11	363.61
2010	238.75	157.4	333.2	262.36	371.53
2011	305.74	176.16	374.01	295.05	389.79
2012	318.33	250.64	397.62	388.93	415.9

年份	河北	安徽	福建	湖南	北京
2013	347.55	319.33	409.56	434.56	423.61
2014	314.64	352.68	440.45	456.8	440.62
2015	475.32	456.6	465.09	514.65	462.75

附表4　第四地区汽油消费量

年份	辽宁	浙江	山东	河南	湖北	上海
2001	235.79	212.87	188.92	124.03	185.55	137.33
2002	236.1	231.44	176.83	119.5	232.78	160.09
2003	227.94	262.15	209.51	121.99	292.86	202.24
2004	229.18	278.66	233.66	221.95	304.55	221.02
2005	357.17	368.53	495.53	234.54	367.43	242.34
2006	393.53	404.8	540.58	249.69	421.49	268.73
2007	442.12	447.09	572.79	210.9	551.91	299.66
2008	410.49	475.36	588.59	191.75	624.23	340.5
2009	464.05	508.62	640.91	196.36	559.5	388.52
2010	593.17	586.7	802.4	297.49	457.8	415.37
2011	706.61	647.76	806.41	358.53	497.81	472.87
2012	780.84	706.16	811.58	426.92	566.71	517.35
2013	658.9	706.14	705.41	556.92	616.05	532.55
2014	704.73	710.38	705.32	529.82	660.05	577.03
2015	742.72	754.05	726.02	676.63	699.92	607.69

附表5　第五地区汽油消费量

年份	江苏	四川	广东
2001	247.71	157.96	324.82
2002	293.39	171.47	344.58
2003	339.17	181.66	375.04
2004	364.23	204.02	447.44
2005	420.13	224.44	706.22

续表

年份	江苏	四川	广东
2006	449.51	269.32	771.39
2007	481.56	330.44	837.73
2008	561.8	375.92	886.9
2009	585.66	462.92	957.2
2010	749.84	541.82	1086.12
2011	827.38	642.08	1207.59
2012	935	700	1259.5
2013	891.46	818.47	1070.6
2014	974.61	829.84	1118.9
2015	1003.89	894.98	1229.09

附表6 2001～2015年30省汽油消费量

地区	年份	汽油消费量（万吨）	GDP（亿元）	私人汽车拥有量（万辆）	人均可支配收入（元）	汽油价格（元/升）	人口总数（万）	城镇化水平	人均消费支出（元）
河北	2001	141.85	5516.76	63.44	3557.5	2.48	6699	0.28	2290.294639
河北	2002	147.41	6018.28	78.84	3901.6	2.42	6735	0.30	2570.540742
河北	2003	157	6921.29	95.12	4291.1	2.82	6769	0.33	2858.822751
河北	2004	169.86	8477.63	112.65	4853.2	3.21	6809	0.35	3236.924203
河北	2005	221.91	10012.11	133.36	5268.9	3.61	6851	0.38	3667.415735
河北	2006	263.78	11467.6	163.88	6056.4	4.24	6898	0.39	4199.976268
河北	2007	249.04	13607.32	201.66	7058.5	4.26	6943	0.40	4841.972087
河北	2008	211.11	16011.97	239.55	8291.3	5.44	6989	0.42	5540.679468
河北	2009	212.06	17235.48	312.22	9322.3	5.15	7034	0.44	6109.771951
河北	2010	238.75	20394.26	404.16	10513.6	5.87	7194	0.44	6706.025521
河北	2011	305.74	24515.76	510.61	12267.6	6.58	7241	0.46	7891.966607
河北	2012	318.33	26575.01	624.04	14116.9	6.95	7288	0.47	8853.159728
河北	2013	347.55	28442.95	719.46	15890.7	6.79	7333	0.48	10872.2
河北	2014	314.64	29421.15	834.9	17734.1	6.5	7384	0.49	11931.5
河北	2015	475.32	29806.11	978.65	19776.5	5.53	7425	0.51	13030.7

地区	年份	汽油消费量（万吨）	GDP（亿元）	私人汽车拥有量（万辆）	人均可支配收入（元）	汽油价格（元/升）	人口总数（万）	城镇化水平	人均消费支出（元）
安徽	2001	70.35	3246.71	17.6	3087.6	2.5	6128	0.29	2320.976469
安徽	2002	73.9	3519.72	20.92	3321.9	2.44	6144	0.31	2478.847363
安徽	2003	76.7	3923.11	24.68	3629.9	2.83	6163	0.32	2716.661512
安徽	2004	78.18	4759.3	27.78	4197.4	3.23	6228	0.34	3134.177842
安徽	2005	86.41	5350.17	35.41	4710.9	3.63	6120	0.36	3677.355147
安徽	2006	97.8	6112.5	44.42	5492.9	4.25	6110	0.37	4229.231358
安徽	2007	114.91	7360.92	57.23	6620.7	4.28	6118	0.39	4990.362733
安徽	2008	127.37	8851.66	73.46	7762.1	5.45	6135	0.41	5811.590057
安徽	2009	140.4	10062.82	100.72	8537.8	5.16	6131	0.42	6424.596966
安徽	2010	157.4	12359.33	136.85	9802.4	5.91	5957	0.43	7238.615864
安徽	2011	176.16	15300.65	178.46	11776.4	6.61	5968	0.45	8642.204625
安徽	2012	250.64	17212.05	223.41	13606.1	6.99	5988	0.46	9952.237275
安徽	2013	319.33	19229.34	274.57	15521.4	6.94	6030	0.48	10544.1
安徽	2014	352.68	20848.75	335.4	17251.1	6.59	6083	0.49	11727
安徽	2015	456.6	22005.63	411.36	18959.6	5.57	6144	0.51	12840
福建	2001	106.35	4072.85	18.05	5486.8	2.52	3445	0.43	4002.695788
福建	2002	132.76	4467.55	22.83	6016.2	2.46	3476	0.44	4358.204028
福建	2003	138.66	4983.67	28.78	6553.6	2.86	3502	0.45	4803.992519
福建	2004	192.15	5763.35	34.14	7358.3	3.25	3529	0.46	5389.3707
福建	2005	199.81	6554.69	42.07	8338.3	3.64	3557	0.49	6010.244813
福建	2006	208.05	7583.85	56.99	9330.1	4.49	3585	0.50	6724.692636
福建	2007	264.17	9248.53	74.57	10628.3	4.3	3612	0.51	7653.159801
福建	2008	250.48	10823.01	91.74	12432.8	5.47	3639	0.53	8817.386892
福建	2009	263.64	12236.53	118.13	13786.3	5.19	3666	0.55	9663.408129
福建	2010	333.2	14737.12	151.93	15624.4	5.91	3693	0.57	10781.76474
福建	2011	374.01	17560.18	189.6	18148.0	6.62	3720	0.58	12419.86565
福建	2012	397.62	19701.78	230.88	20748.6	7	3748	0.60	14072.4881
福建	2013	409.56	21868.49	277.49	21593.3	6.93	3774	0.61	16176.6
福建	2014	440.45	24055.76	329.53	23818.3	6.75	3806	0.62	17644.5

续表

地区	年份	汽油消费量（万吨）	GDP（亿元）	私人汽车拥有量（万辆）	人均可支配收入（元）	汽油价格（元/升）	人口总数（万）	城镇化水平	人均消费支出（元）
福建	2015	465.09	25979.82	377.95	26055.1	5.56	3839	0.63	18850.2
湖南	2001	113.7	3831.9	27.95	3694.2	2.5	6596	0.31	3097.098067
湖南	2002	134.63	4151.54	30.72	3882.6	2.44	6629	0.33	3210.040775
湖南	2003	135.93	4659.99	36.01	4281.4	2.83	6663	0.34	3480.299265
湖南	2004	160.47	5641.94	41.6	4888.9	3.22	6698	0.35	4038.146088
湖南	2005	271.88	6596.1	48.19	5488.4	3.62	6326	0.37	4513.667246
湖南	2006	263.24	7688.67	58.83	6143.9	4.47	6342	0.39	5009.197193
湖南	2007	271.67	9439.6	74.18	7298.2	4.27	6355	0.40	5648.335374
湖南	2008	231.8	11555	93.63	8435.9	5.48	6380	0.42	6393.057132
湖南	2009	246.11	13059.69	128.17	9304.1	5.2	6406	0.43	6961.237043
湖南	2010	262.36	16037.96	169.24	10360.9	5.92	6570	0.43	7564.569026
湖南	2011	295.05	19669.56	212.89	12104.4	6.62	6596	0.45	8888.452835
湖南	2012	388.93	22154.23	261.59	13914.4	7	6639	0.47	9946.673776
湖南	2013	434.56	24621.67	318.49	16377.7	6.89	6691	0.48	11945.9
湖南	2014	456.8	27048.46	384.71	18196.3	7.23	6737	0.49	13288.7
湖南	2015	514.65	28902.21	457.79	20074.5	6.14	6783	0.51	14267.3
北京	2001	138.69	3707.96	62.41	10191.6	2.48	1385	0.79	7786.54639
北京	2002	152	4315	81.08	11063.7	2.42	1423	0.80	8985.992973
北京	2003	165.22	5007.21	107.09	12341.3	2.82	1456	0.81	9825.289354
北京	2004	198.39	6033.21	125.22	13982.7	3.21	1493	0.83	10874.68433
北京	2005	235.23	6969.52	149.31	15964.3	3.61	1538	0.84	11945.12198
北京	2006	278.16	8117.78	176.24	18267.7	4.4	1581	0.85	13495.66698
北京	2007	324.72	9846.81	207.94	20321.1	4.42	1633	0.87	14143.59737
北京	2008	340.92	11115	244.27	23140.2	5.6	1695	0.89	15426.35333
北京	2009	363.61	12153.03	296.56	25244.4	5.45	1755	0.90	17001.41863
北京	2010	371.53	14113.58	371.51	26848.8	6.2	1962	0.86	18432.15688
北京	2011	389.79	16251.93	387.29	30392.5	6.9	2019	0.86	20477.23343
北京	2012	415.9	17879.4	405.55	33714.8	7.27	2069	0.86	22369.92368
北京	2013	423.61	19800.81	424.95	40798.3	7.35	2115	0.86	29175.6

地区	年份	汽油消费量（万吨）	GDP（亿元）	私人汽车拥有量（万辆）	人均可支配收入（元）	汽油价格（元/升）	人口总数（万）	城镇化水平	人均消费支出（元）
北京	2014	440.62	21330.83	435.79	44479.1	7.29	2152	0.86	31102.9
北京	2015	462.75	23014.59	439.33	48486.4	5.87	2171	0.86	33802.8
辽宁	2001	235.79	5033.08	28.31	4344.3	2.48	4194	0.55	3368.065365
辽宁	2002	236.1	5458.22	30.77	4865.5	2.42	4203	0.56	3776.746467
辽宁	2003	227.94	6002.54	35.31	5386.2	2.82	4210	0.57	4271.87639
辽宁	2004	229.18	6672	47.95	6024.6	3.21	4217	0.58	4657.441878
辽宁	2005	357.17	8047.26	57.91	6870.6	3.61	4221	0.59	5484.910945
辽宁	2006	393.53	9304.52	75.03	7793.8	4.24	4271	0.59	5969.028635
辽宁	2007	442.12	11164.3	91.47	9228.7	4.26	4298	0.59	6956.021312
辽宁	2008	410.49	13668.58	111.63	10870.3	5.44	4315	0.60	8267.938007
辽宁	2009	464.05	15212.49	152.17	11874.8	5.15	4341	0.60	9124.991016
辽宁	2010	593.17	18457.27	198.81	13617.9	5.87	4375	0.62	9948.651657
辽宁	2011	706.61	22226.7	250.59	17983.6	6.58	4383	0.64	12649.16578
辽宁	2012	780.84	24846.43	304.82	20605.8	6.95	4389	0.66	14319.92454
辽宁	2013	658.9	27213.22	355.94	21148.7	6.77	4390	0.66	14950.2
辽宁	2014	704.73	28626.58	416.98	23186.2	6.8	4391	0.67	16068
辽宁	2015	742.72	28669.02	478.94	24905.6	6.04	4382	0.67	17199.8
浙江	2001	212.87	6898.34	26.62	7532.8	2.5	4729	0.50	5722.874343
浙江	2002	231.44	8003.67	52.52	8437.2	2.44	4776	0.52	6283.93706
浙江	2003	262.15	9705.02	75.87	9525.6	2.83	4857	0.53	7167.186926
浙江	2004	278.66	11648.7	102.79	10637.4	3.22	4925	0.55	7920.054112
浙江	2005	368.53	13417.68	135.08	12056.9	3.62	4991	0.56	9254.013264
浙江	2006	404.8	15718.47	172.41	13511.1	4.47	5072	0.57	10177.24452
浙江	2007	447.09	18753.73	216.41	15306.5	4.27	5155	0.57	10971.73199
浙江	2008	475.36	21462.69	258.55	17015.6	5.45	5212	0.58	11925.47536
浙江	2009	508.62	22990.35	332.05	18463.3	5.19	5276	0.58	12915.12475
浙江	2010	586.7	27722.31	431.52	21193.2	5.91	5447	0.62	14428.77184
浙江	2011	647.76	32318.85	534.7	24220.9	6.62	5463	0.62	16488.54448
浙江	2012	706.16	34665.33	643.34	27189.2	6.99	5477	0.63	17535.83721

续表

地区	年份	汽油消费量（万吨）	GDP（亿元）	私人汽车拥有量（万辆）	人均可支配收入（元）	汽油价格（元/升）	人口总数（万）	城镇化水平	人均消费支出（元）
浙江	2013	706.14	37756.59	763.87	30029.8	6.89	5498	0.64	20610.1
浙江	2014	710.38	40153.5	869.95	33008.4	6.66	5508	0.65	22552
浙江	2015	754.05	42886.49	976.99	35990.3	5.54	5539	0.66	24116.9
山东	2001	188.92	9195.04	47.37	4495.9	2.49	9041	0.39	3222.681461
山东	2002	176.83	10275.5	67.87	4849.9	2.43	9082	0.41	3464.618652
山东	2003	209.51	12078.15	89.86	5363.6	2.83	9125	0.42	3792.658784
山东	2004	233.66	15021.84	117.1	6091.5	3.22	9180	0.44	4256.184532
山东	2005	495.53	18366.87	136.07	6997.3	3.62	9248	0.45	4860.679217
山东	2006	540.58	21900.19	199.24	7974.7	4.24	9309	0.46	5598.183779
山东	2007	572.79	25776.91	254.06	9323.3	4.27	9367	0.47	6447.590712
山东	2008	588.59	30933.28	315.72	10718.0	5.44	9417	0.48	7375.915812
山东	2009	640.91	33896.65	433.94	11768.6	5.16	9470	0.48	8087.422598
山东	2010	802.4	39169.92	577.11	13428.9	5.88	9588	0.50	8937.562432
山东	2011	806.41	45361.85	708.53	15704.1	6.58	9637	0.51	10312.87467
山东	2012	811.58	50013.24	877.56	17997.4	6.96	9685	0.52	11495.99707
山东	2013	705.41	55230.32	1039.55	19392.8	6.79	9733	0.54	11896.8
山东	2014	705.32	59426.59	1191.62	21420.9	6.81	9789	0.55	13328.9
山东	2015	726.02	63002.33	1351.83	23543.2	5.68	9847	0.57	14578.4
河南	2001	124.03	5533.01	39.24	2877.1	2.5	9555	0.25	2047.866345
河南	2002	119.5	6035.48	48.53	3264.1	2.44	9613	0.26	2245.846531
河南	2003	121.99	6867.7	57.2	3525.8	2.83	9667	0.28	2452.951691
河南	2004	221.95	8553.79	64.1	4050.4	3.23	9717	0.29	2719.096645
河南	2005	234.54	10587.42	83.85	4647.5	3.63	9380	0.31	3162.484861
河南	2006	249.69	12362.79	105.59	5387.8	4.25	9392	0.32	3676.328854
河南	2007	210.9	15012.46	132.7	6470.0	4.28	9360	0.34	4444.889765
河南	2008	191.75	18018.53	162.58	7616.3	5.45	9429	0.36	5131.360897
河南	2009	196.36	19480.46	220.18	8413.3	5.16	9487	0.38	5718.055655
河南	2010	297.49	23092.36	294.76	9530.3	5.89	9405	0.39	6437.432568
河南	2011	358.53	26931.03	383.63	11306.7	6.59	9388	0.41	7572.540317

地区	年份	汽油消费量（万吨）	GDP（亿元）	私人汽车拥有量（万辆）	人均可支配收入（元）	汽油价格（元/升）	人口总数（万）	城镇化水平	人均消费支出（元）
河南	2012	426.92	29599.31	467.8	13005.9	6.97	9406	0.42	8723.923506
河南	2013	556.92	32191.3	580.64	14563.2	6.99	9413	0.44	10002.5
河南	2014	529.82	34939.38	775.77	16161.1	6.64	9436	0.45	11000.4
河南	2015	676.63	37002.16	836.73	17749.9	5.59	9480	0.47	11835.1
湖北	2001	185.55	3880.53	17.26	3803.1	2.47	5658	0.41	2955.930483
湖北	2002	232.78	4212.82	22.69	4268.6	2.41	5672	0.42	3368.022532
湖北	2003	292.86	4757.45	29.44	4591.8	2.84	5685	0.43	3573.89124
湖北	2004	304.55	5633.24	35.18	5085.3	3.23	5698	0.43	3932.146981
湖北	2005	367.43	6590.19	43.47	5556.1	3.63	5710	0.43	4290.775972
湖北	2006	421.49	7617.47	52.37	6215.8	4.26	5693	0.44	4776.064237
湖北	2007	551.91	9333.4	66.37	7315.3	4.28	5699	0.44	5576.099316
湖北	2008	624.23	11328.92	83.3	8496.3	5.45	5711	0.45	6285.075381
湖北	2009	559.5	12961.1	113.26	9327.8	5.17	5720	0.46	6746.664318
湖北	2010	457.8	15967.61	148.65	10915.0	5.89	5728	0.50	7749.055831
湖北	2011	497.81	19632.26	185.38	12845.2	6.59	5758	0.52	9235.925842
湖北	2012	566.71	22250.45	227.45	14800.8	6.97	5779	0.54	10418.6321
湖北	2013	616.05	24791.83	282.94	16765.0	6.92	5799	0.55	11760.8
湖北	2014	660.05	27367.04	349.64	18645.2	6.56	5816	0.56	12928.3
湖北	2015	699.92	29550.19	428.31	20489.8	5.58	5852	0.57	14316.5
上海	2001	137.33	5210.12	8.72	12076.3	2.5	1668	0.88	8808.575396
上海	2002	160.09	5741.03	14.68	12450.0	2.44	1713	0.89	9876.359019
上海	2003	202.24	6694.23	22.44	13946.6	2.83	1766	0.89	10438.14904
上海	2004	221.02	8072.83	31.77	15619.0	3.22	1835	0.89	11933.80839
上海	2005	242.34	9247.66	41	17511.8	3.62	1890	0.89	13065.42487
上海	2006	268.73	10572.24	50.94	19364.7	4.25	1964	0.89	13998.16069
上海	2007	299.66	12494.01	61.29	22094.7	4.27	2064	0.89	16301.88401
上海	2008	340.5	14069.86	72.04	24938.7	5.45	2141	0.89	18226.54045
上海	2009	388.52	15046.45	85.03	26972.9	5.16	2210	0.89	19716.66425
上海	2010	415.37	17165.98	103.71	29922.6	6.18	2303	0.89	21807.21489

地区	年份	汽油消费量（万吨）	GDP（亿元）	私人汽车拥有量（万辆）	人均可支配收入（元）	汽油价格（元/升）	人口总数（万）	城镇化水平	人均消费支出（元）
上海	2011	472.87	19195.69	119.75	34072.7	6.88	2347	0.89	23599.2228
上海	2012	517.35	20181.72	141.16	37799.4	7.26	2380	0.89	24729.28655
上海	2013	532.55	21818.15	163.23	42210.3	6.85	2415	0.90	30399.9
上海	2014	577.03	23567.7	183.3	45957.9	7.26	2426	0.90	33064.8
上海	2015	607.69	25123.45	208.65	49277.7	5.73	2415	0.88	34783.6
海南	2001	31.37	579.17	2.14	3710.4	2.59	796	0.41	2594.122638
海南	2002	35.6	642.73	3.56	4275.0	2.53	803	0.42	3226.26812
海南	2003	19.79	713.96	4.78	4604.0	2.92	811	0.43	3309.608878
海南	2004	34.21	819.66	6.06	4988.1	3.32	818	0.44	3535.83643
海南	2005	39.48	918.75	7.67	5316.6	3.72	828	0.45	3757.660145
海南	2006	33.24	1065.67	9.75	6082.9	4.34	836	0.46	4486.292105
海南	2007	46.6	1254.17	12.74	7193.8	4.37	845	0.47	5265.219763
海南	2008	38.85	1503.06	16.2	8335.3	5.54	854	0.48	6015.903279
海南	2009	47.62	1654.21	20.71	9174.7	5.26	864	0.49	6530.952431
海南	2010	52.63	2064.5	28.09	10410.5	5.98	869	0.50	7173.537745
海南	2011	60.5	2522.66	35.51	12468.7	6.68	877	0.51	8447.94504
海南	2012	65.05	2855.54	42.68	14368.5	7.06	887	0.52	9763.782638
海南	2013	72.13	3177.56	51.4	15979.1	7.76	895	0.53	11192.9
海南	2014	80.16	3500.72	61.65	17756.4	7.59	903	0.54	12470.6
海南	2015	92.77	3702.76	70.69	19398.1	6.59	911	0.55	13575
青海	2001	17.61	300.13	3.16	3085.3	2.45	523	0.36	2528.297113
青海	2002	16.1	340.65	3.51	3311.3	2.44	529	0.36	2720.098488
青海	2003	17.16	390.2	4.1	3648.5	2.78	534	0.37	3000.278652
青海	2004	16.81	466.1	4.89	4016.9	3.18	539	0.38	3244.300186
青海	2005	17.5	543.32	5.27	4468.4	3.57	543	0.39	3650.69779
青海	2006	18.39	648.5	6.4	4964.3	4.2	548	0.39	3886.092153
青海	2007	16.42	797.35	7.89	5723.5	4.23	552	0.40	4474.695471
青海	2008	21.38	1018.62	10.79	6561.0	5.4	554	0.41	5057.062094
青海	2009	23.17	1081.27	14.31	7272.4	5.12	557	0.42	5552.382765

地区	年份	汽油消费量（万吨）	GDP（亿元）	私人汽车拥有量（万辆）	人均可支配收入（元）	汽油价格（元／升）	人口总数（万）	城镇化水平	人均消费支出（元）
青海	2010	26.19	1350.43	19.95	8335.3	5.84	563	0.45	6388.183126
青海	2011	28.97	1670.44	27.48	9699.4	6.55	568	0.46	7508.838908
青海	2012	29.91	1893.54	35.78	11156.6	6.93	573	0.47	8665.274869
青海	2013	32.85	2122.06	44.67	13190.7	6.85	578	0.48	11576.5
青海	2014	37.17	2301.12	54.1	14756.0	6.78	583	0.50	12604.8
青海	2015	44.96	2417.05	63.12	16294.3	5.35	588	0.50	13611.3
宁夏	2001	12.36	337.44	3.86	3098.7	2.41	563	0.34	2487.977265
宁夏	2002	14.37	377.16	4.42	3419.2	2.43	572	0.36	1418.1
宁夏	2003	22.6	445.36	5.76	3760.8	2.82	580	0.38	1637.1
宁夏	2004	35.49	537.11	5.9	4294.2	3.21	588	0.40	1926.8
宁夏	2005	24.89	612.61	8.02	4870.2	3.61	596	0.42	2094.5
宁夏	2006	18.97	725.9	9.53	5522.5	4.24	604	0.43	2247
宁夏	2007	19.16	919.11	11.9	6566.9	4.26	610	0.44	2528.8
宁夏	2008	20.66	1203.92	15.31	7842.4	5.44	618	0.45	3094.9
宁夏	2009	20.95	1353.31	21.88	8645.4	5.15	625	0.46	3347.9
宁夏	2010	22.68	1689.65	30.94	9782.1	5.88	633	0.48	4013.2
宁夏	2011	20.8	2102.21	41.42	11484.9	6.58	639	0.50	4726.6
宁夏	2012	23.36	2341.29	53.49	13100.8	6.95	647	0.51	5351.4
宁夏	2013	20.04	2577.57	65.33	14813.0	6.88	654	0.52	11292
宁夏	2014	21.77	2752.1	77.61	16386.6	7.23	662	0.54	12484.5
宁夏	2015	36.08	2911.77	88.87	17994.2	5.4	668	0.55	13815.6
山西	2001	88.77	2029.53	28.26	3203.3	2.53	3272	0.36	2275.033191
山西	2002	89.23	2324.8	27.71	3691.1	2.48	3294	0.38	2621.146812
山西	2003	89.27	2855.23	34.15	4142.3	2.87	3314	0.39	2872.226795
山西	2004	79.78	3571.37	41.13	4748.4	3.26	3335	0.41	3268.878861
山西	2005	95.23	4230.53	58.77	5427.4	3.66	3355	0.42	3758.148197
山西	2006	113.41	4878.61	73.58	6123.6	4.29	3375	0.43	4366.836089
山西	2007	124.82	6024.45	93.12	7143.9	4.31	3393	0.44	5068.772944
山西	2008	236.63	7315.4	118.35	8167.8	5.49	3411	0.45	5673.373615

地区	年份	汽油消费量（万吨）	GDP（亿元）	私人汽车拥有量（万辆）	人均可支配收入（元）	汽油价格（元/升）	人口总数（万）	城镇化水平	人均消费支出（元）
山西	2009	262.41	7358.31	148.86	8729.1	5.2	3427	0.46	6087.196498
山西	2010	228.35	9200.86	186.6	9978.3	5.92	3574	0.48	6608.261947
山西	2011	216.88	11237.55	230.2	11822.6	6.63	3593	0.50	7948.99012
山西	2012	224.61	12112.83	270.45	13565.0	7	3610	0.51	8975.068837
山西	2013	215.87	12665.25	318.88	15470.4	6.86	3630	0.53	10118.3
山西	2014	202.32	12759.44	367.02	17016.7	6.34	3648	0.54	10863.8
山西	2015	208.48	12766.49	414.68	18463.1	5.53	3664	0.55	11729.1
吉林	2001	93.61	2120.35	16.1	3769.0	2.48	2691	0.50	3005.917633
吉林	2002	96.99	2348.54	18.06	4313.6	2.42	2699	0.51	3354.50767
吉林	2003	103.41	2662.08	24.46	4829.0	2.82	2704	0.51	3704.157138
吉林	2004	111.12	3122.01	29.13	5513.9	3.21	2709	0.52	4099.514729
吉林	2005	166.94	3620.27	35.88	6113.2	3.61	2716	0.53	4662.732769
吉林	2006	193.01	4275.12	42.46	6889.4	4.24	2723	0.53	5164.174036
吉林	2007	203.92	5284.69	55.16	7961.9	4.26	2730	0.53	5985.949414
吉林	2008	130.3	6426.1	65.1	9135.3	5.44	2734	0.53	6788.475969
吉林	2009	138.44	7278.75	88.5	9926.4	5.15	2740	0.53	7641.513686
吉林	2010	166.61	8667.58	114.49	11127.8	5.87	2747	0.53	8162.560757
吉林	2011	181.51	10568.83	141.36	13003.2	6.58	2749	0.53	9420.258494
吉林	2012	182.6	11939.24	170.19	14833.7	6.95	2750	0.54	10712.42622
吉林	2013	178.94	13046.4	206.13	16040.8	6.97	2751	0.54	12054.3
吉林	2014	193.36	13803.81	242.18	17604.0	6.99	2752	0.55	13026
吉林	2015	178.01	14063.13	275.21	18835.9	5.75	2753	0.55	13763.9
重庆	2001	64.14	1976.86	8.24	3651.9	2.63	2829	0.35	3031.515083
重庆	2002	65.41	2232.86	10.37	4039.4	2.57	2814	0.38	3334.529247
重庆	2003	65.87	2555.72	12.89	4578.4	2.97	2803	0.40	3808.672672
重庆	2004	76.37	3034.58	14.36	5374.4	3.36	2793	0.43	4465.459757
重庆	2005	77.53	3467.72	23.15	6170.4	3.76	2798	0.45	5072.306576
重庆	2006	86.22	3907.23	27.93	6933.7	4.35	2808	0.47	5563.703739
重庆	2007	86.46	4676.13	33.06	7895.3	4.41	2816	0.48	6082.984091

地区	年份	汽油消费量（万吨）	GDP（亿元）	私人汽车拥有量（万辆）	人均可支配收入（元）	汽油价格（元/升）	人口总数（万）	城镇化水平	人均消费支出（元）
重庆	2008	96.59	5793.66	40.3	9245.1	5.58	2839	0.50	7014.394928
重庆	2009	90.54	6530.01	54.68	10292.9	5.3	2859	0.52	7786.363729
重庆	2010	102.63	7925.58	74.15	11772.0	6.03	2885	0.53	8770.943709
重庆	2011	144.97	10011.37	89.89	14056.1	6.73	2919	0.55	10263.89322
重庆	2012	144.63	11409.6	117.1	16263.2	7.11	2945	0.57	11602.11477
重庆	2013	161.7	12783.26	148.37	16991.6	7.09	2970	0.58	12600.2
重庆	2014	181.64	14262.6	190.58	18823.5	7.32	2991	0.60	13810.6
重庆	2015	199.98	15717.27	231.64	20699.4	5.8	3017	0.61	15139.5
甘肃	2001	103.96	1125.37	9.23	2482.2	2.47	2523	0.25	1954.846797
甘肃	2002	97.37	1232.03	10	2790.5	2.41	2531	0.26	2182.402884
甘肃	2003	97.82	1399.83	10.36	3044.4	2.81	2537	0.28	2426.957548
甘肃	2004	77.47	1688.49	9.11	3441.5	3.2	2541	0.29	2751.101653
甘肃	2005	86.9	1933.98	12.99	3813.2	3.6	2545	0.30	3233.405265
甘肃	2006	88.03	2277.35	14.9	4244.4	4.23	2547	0.31	3447.180565
甘肃	2007	87.66	2703.98	18.83	4807.6	4.25	2548	0.32	3907.219309
甘肃	2008	50.18	3166.82	24.38	5490.6	5.42	2551	0.34	4383.322854
甘肃	2009	50.14	3387.56	36.56	6101.1	5.14	2555	0.35	4902.214795
甘肃	2010	56.57	4120.75	52.74	6952.7	5.86	2560	0.36	5454.458984
甘肃	2011	58.77	5020.37	69.65	8027.4	6.57	2564	0.37	6461.345437
甘肃	2012	65.8	5650.2	90.17	9408.8	6.94	2578	0.39	7517.883126
甘肃	2013	122.89	6330.69	114.54	11320.3	6.75	2582	0.40	8943.4
甘肃	2014	128.98	6835.27	141.96	12748.8	6.79	2591	0.42	9874.6
甘肃	2015	158.2	6790.32	171.12	14205.9	5.67	2600	0.43	10950.8
江西	2001	60.37	2175.68	8.02	3195.3	2.5	4186	0.29	2359.996622
江西	2002	82.19	2450.48	8.75	3565.2	2.44	4222	0.31	2648.529465
江西	2003	59.63	2807.41	10.59	3928.4	2.83	4254	0.33	2902.864692
江西	2004	61.82	3456.7	12.61	4457.9	3.23	4284	0.35	3230.759104
江西	2005	64.49	4056.76	17.55	5160.4	3.63	4311	0.37	3825.150128
江西	2006	65.99	4820.53	23.37	5815.3	4.25	4339	0.39	4211.473058

续表

地区	年份	汽油消费量（万吨）	GDP（亿元）	私人汽车拥有量（万辆）	人均可支配收入（元）	汽油价格（元/升）	人口总数（万）	城镇化水平	人均消费支出（元）
江西	2007	70.61	5800.25	30.88	6993.6	4.28	4368	0.40	4911.938599
江西	2008	75.68	6971.05	40.01	8076.3	5.45	4400	0.41	5546.228182
江西	2009	77.21	7655.18	60.61	8938.6	5.16	4432	0.43	6213.379648
江西	2010	155.23	9451.26	87.38	10059.2	5.89	4462	0.44	6866.812595
江西	2011	182.76	11702.82	117.18	11737.3	6.59	4488	0.46	7898.770833
江西	2012	198.42	12948.88	149.58	13545.7	6.97	4504	0.48	8762.463588
江西	2013	236.92	14410.19	190.71	15457.3	6.91	4522	0.49	10052.8
江西	2014	251.8	15708.59	234.17	17244.1	6.84	4542	0.50	11088.9
江西	2015	284	16723.78	286.21	19068.6	5.62	4566	0.52	12403.4
贵州	2001	47.83	1133.27	12.25	2399.7	2.61	3799	0.24	1874.92298
贵州	2002	50.48	1243.43	12.68	2605.5	2.55	3837	0.25	2004.353375
贵州	2003	58.94	1426.34	11.4	2847.5	2.95	3870	0.26	2149.977674
贵州	2004	67.23	1677.8	16.84	3192.0	3.34	3904	0.26	2398.542572
贵州	2005	67.52	2005.42	30.26	3562.4	3.74	3730	0.27	2789.964021
贵州	2006	78.94	2338.98	31.97	3942.5	4.37	3690	0.27	3060.481274
贵州	2007	85.65	2884.11	40.23	4719.9	4.39	3632	0.28	3564.848128
贵州	2008	123.42	3561.56	49.57	5406.2	5.56	3596	0.29	3966.068326
贵州	2009	129.99	3912.68	66.44	5951.1	5.28	3537	0.30	4402.208962
贵州	2010	143.36	4602.16	87.81	7078.9	6	3479	0.34	5288.26338
贵州	2011	145.23	5701.84	106.26	8463.7	6.71	3469	0.35	6217.167051
贵州	2012	158.3	6852.2	132.21	9833.2	7.08	3484	0.36	7064.729851
贵州	2013	195.4	8086.86	166.28	11447.2	6.97	3502	0.38	8288
贵州	2014	217.38	9251.01	207.47	13025.6	6.71	3508	0.40	9303
贵州	2015	293.99	10502.56	254.41	14609.8	5.67	3530	0.42	10413.8
广西	2001	65.87	2279.34	12.78	3322.9	2.59	4788	0.29	2623.386454
广西	2002	84.37	2523.73	16.28	3618.1	2.53	4822	0.30	2814.647905
广西	2003	116.7	2821.11	21.83	3880.0	2.92	4857	0.31	3010.155158
广西	2004	129	3433.5	23.39	4379.1	3.32	4889	0.32	3395.802864
广西	2005	146.48	3984.1	29.62	4778.6	3.72	4660	0.34	3924.401373

续表

地区	年份	汽油消费量（万吨）	GDP（亿元）	私人汽车拥有量（万辆）	人均可支配收入（元）	汽油价格（元/升）	人口总数（万）	城镇化水平	人均消费支出（元）
广西	2006	183.65	4746.16	36.03	5240.3	4.34	4719	0.35	3930.787794
广西	2007	197.7	5823.41	46.28	6477.3	4.37	4768	0.36	4705.924161
广西	2008	202	7021	58.53	7680.7	5.54	4816	0.38	5520.035548
广西	2009	216.28	7759.16	80.34	8478.1	5.26	4856	0.39	6023.30659
广西	2010	247.68	9569.85	108.33	9551.6	5.98	4610	0.40	6669.22
广西	2011	259.48	11720.87	140.4	10926.8	6.68	4645	0.42	7822.100215
广西	2012	285.41	13035.1	177.42	12639.2	7.06	4682	0.44	8986.268774
广西	2013	224.21	14449.9	223.01	14469.4	6.95	4719	0.45	9596.5
广西	2014	244.3	15672.89	266.87	16037.2	6.79	4754	0.46	10274.3
广西	2015	290.89	16803.12	314.12	17442.9	5.63	4796	0.47	11401
云南	2001	111.47	2138.31	30.15	2824.2	2.63	4287	0.25	2296.381526
云南	2002	97.6	2312.82	36.87	3056.6	2.58	4333	0.26	2524.654766
云南	2003	106.1	2556.02	44.04	3297.9	2.97	4376	0.27	2648.818419
云南	2004	111.47	3081.91	54.48	3840.0	3.36	4415	0.28	3055.976217
云南	2005	122.95	3462.73	66.84	4173.3	3.76	4450	0.30	3325.623079
云南	2006	128.12	3988.14	77.78	4634.9	4.39	4483	0.30	3776.41673
云南	2007	158.11	4772.52	93.68	5433.7	4.41	4514	0.32	4306.637218
云南	2008	178.86	5692.12	111.01	6450.9	5.59	4543	0.33	4998.725468
云南	2009	193.27	6169.75	143.99	7127.5	5.3	4571	0.34	5398.823124
云南	2010	232.49	7224.18	185.57	8155.3	6.02	4602	0.35	6061.9794
云南	2011	250.34	8893.12	228.11	9819.5	6.73	4631	0.37	7034.830339
云南	2012	287.51	10309.47	273.79	11570.1	7.1	4659	0.39	8225.107813
云南	2013	280.01	11832.31	318.54	13092.7	6.99	4687	0.40	8823.8
云南	2014	297.74	12814.59	373.78	14484.1	7.15	4714	0.42	9869.5
云南	2015	312.95	13619.17	429.86	16099.4	5.6	4742	0.43	11005.4
内蒙古	2001	72.1	1713.81	20.75	3526.5	2.5	2381	0.44	2705.688841
内蒙古	2002	79.35	1940.94	24.63	3849.0	2.44	2384	0.44	3075.55453
内蒙古	2003	96.63	2388.38	31.33	4421.5	2.83	2386	0.45	3426.645893
内蒙古	2004	151.3	3041.07	39.88	5160.7	3.22	2393	0.46	3997.962975

续表

地区	年份	汽油消费量（万吨）	GDP（亿元）	私人汽车拥有量（万辆）	人均可支配收入（元）	汽油价格（元/升）	人口总数（万）	城镇化水平	人均消费支出（元）
内蒙古	2005	192.41	3905.03	44.25	5890.2	3.62	2403	0.47	4561.489888
内蒙古	2006	211.75	4944.25	56.82	6755.5	4.25	2415	0.49	5153.430642
内蒙古	2007	236.12	6423.18	70.19	8177.6	4.27	2429	0.50	6277.531988
内蒙古	2008	260.88	8496.2	87.81	9712.4	5.45	2444	0.52	7347.262029
内蒙古	2009	279.51	9740.25	114.36	10766.4	5.16	2458	0.53	8456.263914
内蒙古	2010	325.68	11672	147.47	12283.4	5.88	2472	0.56	9752.213269
内蒙古	2011	310.24	14359.88	188.08	14434.2	6.59	2482	0.57	11378.13191
内蒙古	2012	302.53	15880.58	223.66	16585.2	6.96	2490	0.58	12928.13406
内蒙古	2013	255.23	16916.5	263.86	18972.7	6.79	2498	0.59	14877.7
内蒙古	2014	271.66	17770.19	300.49	20912.3	6.7	2505	0.60	16258.1
内蒙古	2015	305.76	17831.51	334.9	22725.2	6.39	2511	0.60	17178.5
陕西	2001	78.16	2010.62	15.21	2817.8	2.47	3653	0.33	2429.947586
陕西	2002	95	2253.39	19.26	3216.3	2.41	3662	0.34	2820.855052
陕西	2003	105.43	2587.72	29.51	3482.3	2.81	3672	0.35	2938.230147
陕西	2004	144.96	3175.58	31.71	3903.8	3.2	3681	0.36	3289.329286
陕西	2005	196.7	3933.72	33.77	4368.4	3.6	3690	0.37	3668.922764
陕西	2006	210.66	4743.61	46.33	5001.4	4.23	3699	0.39	4282.572885
陕西	2007	286.77	5757.29	58.31	5942.1	4.25	3708	0.41	4942.678479
陕西	2008	219.13	7314.58	74.27	7228.5	5.42	3718	0.42	5838.6188
陕西	2009	248.49	8169.8	105.11	8087.6	5.14	3727	0.43	6548.793909
陕西	2010	255.23	10123.48	144.11	9408.3	5.86	3735	0.46	7467.166238
陕西	2011	279.6	12512.3	185.39	11278.1	6.57	3743	0.47	8885.300588
陕西	2012	287.01	14453.68	230.79	13250.2	6.94	3753	0.50	10225.11132
陕西	2013	220.98	16205.45	280.79	14917.6	6.87	3764	0.51	11217.3
陕西	2014	229.92	17689.94	331.66	16573.4	6.91	3775	0.53	12203.6
陕西	2015	249.51	18021.86	386.02	18248.7	5.8	3793	0.54	13087.2
新疆	2001	86.35	1491.6	17.38	3326.0	2.31	1876	0.34	2585.313683
新疆	2002	86.7	1612.65	18.87	3632.0	2.24	1905	0.35	2895.334803
新疆	2003	91.35	1886.35	19.2	3919.3	2.63	1934	0.36	2923.473526

地区	年份	汽油消费量（万吨）	GDP（亿元）	私人汽车拥有量（万辆）	人均可支配收入（元）	汽油价格（元/升）	人口总数（万）	城镇化水平	人均消费支出（元）
新疆	2004	110.91	2209.09	21.29	4162.9	3.02	1963	0.36	3179.420734
新疆	2005	106.73	2604.19	24.97	4530.4	3.42	2010	0.37	3517.136368
新疆	2006	117.82	3045.26	29.1	5065.2	4.04	2050	0.38	3815.196488
新疆	2007	124.51	3523.16	35.77	5973.9	4.06	2095	0.39	4512.621002
新疆	2008	123.66	4183.21	44.17	6647.0	5.23	2131	0.40	5062.082496
新疆	2009	121.87	4277.05	58.11	7218.9	4.99	2159	0.40	5490.766744
新疆	2010	131.17	5437.47	79.25	8515.0	5.71	2185	0.43	6357.143936
新疆	2011	138.84	6610.05	107.37	9828.2	6.42	2209	0.44	7638.551109
新疆	2012	154.63	7505.31	142.52	11462.9	6.79	2233	0.44	9079.075549
新疆	2013	209.36	8443.84	171.2	13737.8	6.7	2264	0.44	11391.8
新疆	2014	215.84	9273.46	205.6	15405.2	6.64	2298	0.46	11903.7
新疆	2015	254.5	9324.8	232.32	17385.8	5.61	2360	0.47	12867.4
天津	2001	116.27	1919.09	23.21	7586.2	2.48	1004	0.73	5635.13758
天津	2002	94.76	2150.76	26.82	7986.2	2.42	1007	0.73	5848.763059
天津	2003	106.42	2578.03	30.96	8812.2	2.82	1011	0.74	6418.764095
天津	2004	118.71	3110.97	36.97	9823.8	3.21	1024	0.75	7232.24541
天津	2005	118.96	3905.64	45.02	10879.0	3.61	1043	0.75	8003.733365
天津	2006	127.84	4462.74	54.82	12327.4	4.24	1075	0.76	8798.307442
天津	2007	140.15	5252.76	66.61	14144.2	4.26	1115	0.76	10018.5696
天津	2008	148.76	6719.01	79.89	16799.1	5.44	1176	0.77	11235.40578
天津	2009	181.03	7521.85	100.01	18606.5	5.15	1228	0.78	12486.56775
天津	2010	205.12	9224.46	125.7	21392.1	5.87	1299	0.80	14190.2438
天津	2011	222.57	11307.28	155.46	24074.3	6.58	1354	0.81	16143.1127
天津	2012	253.75	12893.88	185.54	26744.7	6.95	1413	0.82	17865.32548
天津	2013	212.24	14442.01	224.36	26526.5	6.9	1472	0.82	20418.7
天津	2014	226.82	15726.93	235.15	28936.3	6.55	1517	0.82	22343
天津	2015	263.73	16538.19	234.68	31385.3	5.64	1547	0.83	24162.5
黑龙江	2001	269.84	3390.1	22.38	3911.3	2.48	3811	0.52	2946.317478
黑龙江	2002	258.57	3637.2	25.19	4332.9	2.42	3813	0.52	3128.470417

地区	年份	汽油消费量（万吨）	GDP（亿元）	私人汽车拥有量（万辆）	人均可支配收入（元）	汽油价格（元/升）	人口总数（万）	城镇化水平	人均消费支出（元）
黑龙江	2003	310.17	4057.4	33.93	4697.2	2.82	3815	0.52	3421.518349
黑龙江	2004	321.58	4750.6	36.01	5362.5	3.21	3817	0.53	3806.52536
黑龙江	2005	312.19	5513.7	43.88	5902.9	3.61	3820	0.53	4473.535916
黑龙江	2006	345.32	6211.8	51.69	6563.9	4.24	3823	0.53	4777.779911
黑龙江	2007	376.01	7104	63.24	7427.0	4.26	3824	0.54	5489.867547
黑龙江	2008	278.97	8314.37	77.88	8581.5	5.44	3825	0.55	6491.815739
黑龙江	2009	319.4	8587	108.2	9290.3	5.15	3826	0.55	7231.200915
黑龙江	2010	363.79	10368.6	139.65	10467.5	5.87	3833	0.56	7894.623376
黑龙江	2011	466.56	12582	172.02	12169.9	6.58	3834	0.56	9130.370892
黑龙江	2012	465.99	13691.58	201.37	13814.6	6.95	3834	0.57	9852.98675
黑龙江	2013	277.59	14454.91	231.06	18253.0	7	3835	0.57	12037.2
黑龙江	2014	314.28	15039.38	265.03	17506.3	6.77	3833	0.58	12768.8
黑龙江	2015	342.07	15083.67	299.11	18800.8	6.13	3812	0.59	13402.5

附表7　2001～2015年30省人均汽油消费量

地区	年份	汽油消费量（万吨）	GDP（亿元）	私人汽车拥有量（万辆）	人均可支配收入（元）	90号汽油价格（元/升）	人口总数（万）	人均汽油消费量（千克/人）
河北	2001	141.85	5516.76	63.44	3557.5	2.48	6699	21.17
河北	2002	147.41	6018.28	78.84	3901.6	2.42	6735	21.89
河北	2003	157	6921.29	95.12	4291.1	2.82	6769	23.19
河北	2004	169.86	8477.63	112.65	4853.2	3.21	6809	24.95
河北	2005	221.91	10012.11	133.36	5268.9	3.61	6851	32.39
河北	2006	263.78	11467.6	163.88	6056.4	4.24	6898	38.24
河北	2007	249.04	13607.32	201.66	7058.5	4.26	6943	35.87
河北	2008	211.11	16011.97	239.55	8291.3	5.44	6989	30.21
河北	2009	212.06	17235.48	312.22	9322.3	5.15	7034	30.15
河北	2010	238.75	20394.26	404.16	10513.6	5.87	7194	33.19
河北	2011	305.74	24515.76	510.61	12267.6	6.58	7241	42.22
河北	2012	318.33	26575.01	624.04	14116.9	6.95	7288	43.68
河北	2013	347.55	28442.95	719.46	15890.7	6.79	7333	47.40

地区	年份	汽油消费量（万吨）	GDP（亿元）	私人汽车拥有量（万辆）	人均可支配收入（元）	90号汽油价格（元/升）	人口总数（万）	人均汽油消费量（千克/人）
河北	2014	314.64	29421.15	834.9	17734.1	6.5	7384	42.61
河北	2015	475.32	29806.11	978.65	19776.5	5.53	7425	64.02
吉林	2001	93.61	2120.35	16.1	3769.0	2.48	2691	34.79
吉林	2002	96.99	2348.54	18.06	4313.6	2.42	2699	35.94
吉林	2003	103.41	2662.08	24.46	4829.0	2.82	2704	38.24
吉林	2004	111.12	3122.01	29.13	5513.9	3.21	2709	41.02
吉林	2005	166.94	3620.27	35.88	6113.2	3.61	2716	61.47
吉林	2006	193.01	4275.12	42.46	6889.4	4.24	2723	70.88
吉林	2007	203.92	5284.69	55.16	7961.9	4.26	2730	74.70
吉林	2008	130.3	6426.1	65.1	9135.3	5.44	2734	47.66
吉林	2009	138.44	7278.75	88.5	9926.4	5.15	2740	50.53
吉林	2010	166.61	8667.58	114.49	11127.8	5.87	2747	60.65
吉林	2011	181.51	10568.83	141.36	13003.2	6.58	2749	66.03
吉林	2012	182.6	11939.24	170.19	14833.7	6.95	2750	66.40
吉林	2013	178.94	13046.4	206.13	16040.8	6.97	2751	65.05
吉林	2014	193.36	13803.81	242.18	17604.0	6.99	2752	70.26
吉林	2015	178.01	14063.13	275.21	18835.9	5.75	2753	64.66
云南	2001	111.47	2138.31	30.15	2824.2	2.63	4287	26.00
云南	2002	97.6	2312.82	36.87	3056.6	2.58	4333	22.52
云南	2003	106.1	2556.02	44.04	3297.9	2.97	4376	24.25
云南	2004	111.47	3081.91	54.48	3840.0	3.36	4415	25.25
云南	2005	122.95	3462.73	66.84	4173.3	3.76	4450	27.63
云南	2006	128.12	3988.14	77.78	4634.9	4.39	4483	28.58
云南	2007	158.11	4772.52	93.68	5433.7	4.41	4514	35.03
云南	2008	178.86	5692.12	111.01	6450.9	5.59	4543	39.37
云南	2009	193.27	6169.75	143.99	7127.5	5.3	4571	42.28
云南	2010	232.49	7224.18	185.57	8155.3	6.02	4602	50.52
云南	2011	250.34	8893.12	228.11	9819.5	6.73	4631	54.06
云南	2012	287.51	10309.47	273.79	11570.1	7.1	4659	61.71

续表

地区	年份	汽油消费量（万吨）	GDP（亿元）	私人汽车拥有量（万辆）	人均可支配收入（元）	90号汽油价格（元/升）	人口总数（万）	人均汽油消费量（千克/人）
云南	2013	280.01	11832.31	318.54	13092.7	6.99	4687	59.74
云南	2014	297.74	12814.59	373.78	14484.1	7.15	4714	63.16
云南	2015	312.95	13619.17	429.86	16099.4	5.6	4742	66.00
陕西	2001	78.16	2010.62	15.21	2817.8	2.47	3653	21.40
陕西	2002	95	2253.39	19.26	3216.3	2.41	3662	25.94
陕西	2003	105.43	2587.72	29.51	3482.3	2.81	3672	28.71
陕西	2004	144.96	3175.58	31.71	3903.8	3.2	3681	39.38
陕西	2005	196.7	3933.72	33.77	4368.4	3.6	3690	53.31
陕西	2006	210.66	4743.61	46.33	5001.4	4.23	3699	56.95
陕西	2007	286.77	5757.29	58.31	5942.1	4.25	3708	77.34
陕西	2008	219.13	7314.58	74.27	7228.5	5.42	3718	58.94
陕西	2009	248.49	8169.8	105.11	8087.6	5.14	3727	66.67
陕西	2010	255.23	10123.48	144.11	9408.3	5.86	3735	68.33
陕西	2011	279.6	12512.3	185.39	11278.1	6.57	3743	74.70
陕西	2012	287.01	14453.68	230.79	13250.2	6.94	3753	76.47
陕西	2013	220.98	16205.45	280.79	14917.6	6.87	3764	58.71
陕西	2014	229.92	17689.94	331.66	16573.4	6.91	3775	60.91
陕西	2015	249.51	18021.86	386.02	18248.7	5.8	3793	65.78
重庆	2001	64.14	1976.86	8.24	3651.9	2.63	2829	22.67
重庆	2002	65.41	2232.86	10.37	4039.4	2.57	2814	23.24
重庆	2003	65.87	2555.72	12.89	4578.4	2.97	2803	23.50
重庆	2004	76.37	3034.58	14.36	5374.4	3.36	2793	27.34
重庆	2005	77.53	3467.72	23.15	6170.4	3.76	2798	27.71
重庆	2006	86.22	3907.23	27.93	6933.7	4.35	2808	30.71
重庆	2007	86.46	4676.13	33.06	7895.3	4.41	2816	30.70
重庆	2008	96.59	5793.66	40.3	9245.1	5.58	2839	34.02
重庆	2009	90.54	6530.01	54.68	10292.9	5.3	2859	31.67
重庆	2010	102.63	7925.58	74.15	11772.0	6.03	2885	35.57
重庆	2011	144.97	10011.37	89.89	14056.1	6.73	2919	49.66

地区	年份	汽油消费量（万吨）	GDP（亿元）	私人汽车拥有量（万辆）	人均可支配收入（元）	90号汽油价格（元/升）	人口总数（万）	人均汽油消费量（千克/人）
重庆	2012	144.63	11409.6	117.1	16263.2	7.11	2945	49.11
重庆	2013	161.7	12783.26	148.37	16991.6	7.09	2970	54.44
重庆	2014	181.64	14262.6	190.58	18823.5	7.32	2991	60.73
重庆	2015	199.98	15717.27	231.64	20699.4	5.8	3017	66.28
广西	2001	65.87	2279.34	12.78	3322.9	2.59	4788	13.76
广西	2002	84.37	2523.73	16.28	3618.1	2.53	4822	17.50
广西	2003	116.7	2821.11	21.83	3880.0	2.92	4857	24.03
广西	2004	129	3433.5	23.39	4379.1	3.32	4889	26.39
广西	2005	146.48	3984.1	29.62	4778.6	3.72	4660	31.43
广西	2006	183.65	4746.16	36.03	5240.3	4.34	4719	38.92
广西	2007	197.7	5823.41	46.28	6477.3	4.37	4768	41.46
广西	2008	202	7021	58.53	7680.7	5.54	4816	41.94
广西	2009	216.28	7759.16	80.34	8478.1	5.26	4856	44.54
广西	2010	247.68	9569.85	108.33	9551.6	5.98	4610	53.73
广西	2011	259.48	11720.87	140.4	10926.8	6.68	4645	55.86
广西	2012	285.41	13035.1	177.42	12639.2	7.06	4682	60.96
广西	2013	224.21	14449.9	223.01	14469.4	6.95	4719	47.51
广西	2014	244.3	15672.89	266.87	16037.2	6.79	4754	51.39
广西	2015	290.89	16803.12	314.12	17442.9	5.63	4796	60.65
江西	2001	60.37	2175.68	8.02	3195.3	2.5	4186	14.42
江西	2002	82.19	2450.48	8.75	3565.2	2.44	4222	19.47
江西	2003	59.63	2807.41	10.59	3928.4	2.83	4254	14.02
江西	2004	61.82	3456.7	12.61	4457.9	3.23	4284	14.43
江西	2005	64.49	4056.76	17.55	5160.4	3.63	4311	14.96
江西	2006	65.99	4820.53	23.37	5815.3	4.25	4339	15.21
江西	2007	70.61	5800.25	30.88	6993.6	4.28	4368	16.17
江西	2008	75.68	6971.05	40.01	8076.3	5.45	4400	17.20
江西	2009	77.21	7655.18	60.61	8938.6	5.16	4432	17.42
江西	2010	155.23	9451.26	87.38	10059.2	5.89	4462	34.79

地区	年份	汽油消费量（万吨）	GDP（亿元）	私人汽车拥有量（万辆）	人均可支配收入（元）	90号汽油价格（元/升）	人口总数（万）	人均汽油消费量（千克/人）
江西	2011	182.76	11702.82	117.18	11737.3	6.59	4488	40.72
江西	2012	198.42	12948.88	149.58	13545.7	6.97	4504	44.05
江西	2013	236.92	14410.19	190.71	15457.3	6.91	4522	52.39
江西	2014	251.8	15708.59	234.17	17244.1	6.84	4542	55.44
江西	2015	284	16723.78	286.21	19068.6	5.62	4566	62.20
山西	2001	88.77	2029.53	28.26	3203.3	2.53	3272	27.13
山西	2002	89.23	2324.8	27.71	3691.1	2.48	3294	27.09
山西	2003	89.27	2855.23	34.15	4142.3	2.87	3314	26.94
山西	2004	79.78	3571.37	41.13	4748.4	3.26	3335	23.92
山西	2005	95.23	4230.53	58.77	5427.4	3.66	3355	28.38
山西	2006	113.41	4878.61	73.58	6123.6	4.29	3375	33.60
山西	2007	124.82	6024.45	93.12	7143.9	4.31	3393	36.79
山西	2008	236.63	7315.4	118.35	8167.8	5.49	3411	69.37
山西	2009	262.41	7358.31	148.86	8729.1	5.2	3427	76.57
山西	2010	228.35	9200.86	186.6	9978.3	5.92	3574	63.89
山西	2011	216.88	11237.55	230.2	11822.6	6.63	3593	60.36
山西	2012	224.61	12112.83	270.45	13565.0	7	3610	62.22
山西	2013	215.87	12665.25	318.88	15470.4	6.86	3630	59.47
山西	2014	202.32	12759.44	367.02	17016.7	6.34	3648	55.46
山西	2015	208.48	12766.49	414.68	18463.1	5.53	3664	56.90
甘肃	2001	103.96	1125.37	9.23	2482.2	2.47	2523	41.20
甘肃	2002	97.37	1232.03	10	2790.5	2.41	2531	38.47
甘肃	2003	97.82	1399.83	10.36	3044.4	2.81	2537	38.56
甘肃	2004	77.47	1688.49	9.11	3441.5	3.2	2541	30.49
甘肃	2005	86.9	1933.98	12.99	3813.2	3.6	2545	34.15
甘肃	2006	88.03	2277.35	14.9	4244.4	4.23	2547	34.56
甘肃	2007	87.66	2703.98	18.83	4807.6	4.25	2548	34.40
甘肃	2008	50.18	3166.82	24.38	5490.6	5.42	2551	19.67
甘肃	2009	50.14	3387.56	36.56	6101.1	5.14	2555	19.62

地区	年份	汽油消费量（万吨）	GDP（亿元）	私人汽车拥有量（万辆）	人均可支配收入（元）	90号汽油价格（元/升）	人口总数（万）	人均汽油消费量（千克/人）
甘肃	2010	56.57	4120.75	52.74	6952.7	5.86	2560	22.10
甘肃	2011	58.77	5020.37	69.65	8027.4	6.57	2564	22.92
甘肃	2012	65.8	5650.2	90.17	9408.8	6.94	2578	25.52
甘肃	2013	122.89	6330.69	114.54	11320.3	6.75	2582	47.59
甘肃	2014	128.98	6835.27	141.96	12748.8	6.79	2591	49.78
甘肃	2015	158.2	6790.32	171.12	14205.9	5.67	2600	60.85
宁夏	2001	12.36	337.44	3.86	3098.7	2.41	563	21.95
宁夏	2002	14.37	377.16	4.42	3419.2	2.43	572	25.12
宁夏	2003	22.6	445.36	5.76	3760.8	2.82	580	38.97
宁夏	2004	35.49	537.11	5.9	4294.2	3.21	588	60.36
宁夏	2005	24.89	612.61	8.02	4870.2	3.61	596	41.76
宁夏	2006	18.97	725.9	9.53	5522.5	4.24	604	31.41
宁夏	2007	19.16	919.11	11.9	6566.9	4.26	610	31.41
宁夏	2008	20.66	1203.92	15.31	7842.4	5.44	618	33.43
宁夏	2009	20.95	1353.31	21.88	8645.4	5.15	625	33.52
宁夏	2010	22.68	1689.65	30.94	9782.1	5.88	633	35.83
宁夏	2011	20.8	2102.21	41.42	11484.9	6.58	639	32.55
宁夏	2012	23.36	2341.29	53.49	13100.8	6.95	647	36.11
宁夏	2013	20.04	2577.57	65.33	14813.0	6.88	654	30.64
宁夏	2014	21.77	2752.1	77.61	16386.6	7.23	662	32.89
宁夏	2015	36.08	2911.77	88.87	17994.2	5.4	668	54.01
安徽	2001	70.35	3246.71	17.6	3087.6	2.5	6128	11.48
安徽	2002	73.9	3519.72	20.92	3321.9	2.44	6144	12.03
安徽	2003	76.7	3923.11	24.68	3629.9	2.83	6163	12.45
安徽	2004	78.18	4759.3	27.78	4197.4	3.23	6228	12.55
安徽	2005	86.41	5350.17	35.41	4710.9	3.63	6120	14.12
安徽	2006	97.8	6112.5	44.42	5492.9	4.25	6110	16.01
安徽	2007	114.91	7360.92	57.23	6620.7	4.28	6118	18.78
安徽	2008	127.37	8851.66	73.46	7762.1	5.45	6135	20.76

地区	年份	汽油消费量（万吨）	GDP（亿元）	私人汽车拥有量（万辆）	人均可支配收入（元）	90号汽油价格（元/升）	人口总数（万）	人均汽油消费量（千克/人）
安徽	2009	140.4	10062.82	100.72	8537.8	5.16	6131	22.90
安徽	2010	157.4	12359.33	136.85	9802.4	5.91	5957	26.42
安徽	2011	176.16	15300.65	178.46	11776.4	6.61	5968	29.52
安徽	2012	250.64	17212.05	223.41	13606.1	6.99	5988	41.86
安徽	2013	319.33	19229.34	274.57	15521.4	6.94	6030	52.96
安徽	2014	352.68	20848.75	335.4	17251.1	6.59	6083	57.98
安徽	2015	456.6	22005.63	411.36	18959.6	5.57	6144	74.32
山东	2001	188.92	9195.04	47.37	4495.9	2.49	9041	20.90
山东	2002	176.83	10275.5	67.87	4849.9	2.43	9082	19.47
山东	2003	209.51	12078.15	89.86	5363.6	2.83	9125	22.96
山东	2004	233.66	15021.84	117.1	6091.5	3.22	9180	25.45
山东	2005	495.53	18366.87	136.07	6997.3	3.62	9248	53.58
山东	2006	540.58	21900.19	199.24	7974.7	4.24	9309	58.07
山东	2007	572.79	25776.91	254.06	9323.3	4.27	9367	61.15
山东	2008	588.59	30933.28	315.72	10718.0	5.44	9417	62.50
山东	2009	640.91	33896.65	433.94	11768.6	5.16	9470	67.68
山东	2010	802.4	39169.92	577.11	13428.9	5.88	9588	83.69
山东	2011	806.41	45361.85	708.53	15704.1	6.58	9637	83.68
山东	2012	811.58	50013.24	877.56	17997.4	6.96	9685	83.80
山东	2013	705.41	55230.32	1039.55	19392.8	6.79	9733	72.48
山东	2014	705.32	59426.59	1191.62	21420.9	6.81	9789	72.05
山东	2015	726.02	63002.33	1351.83	23543.2	5.68	9847	73.73
湖南	2001	113.7	3831.9	27.95	3694.2	2.5	6596	17.24
湖南	2002	134.63	4151.54	30.72	3882.6	2.44	6629	20.31
湖南	2003	135.93	4659.99	36.01	4281.4	2.83	6663	20.40
湖南	2004	160.47	5641.94	41.6	4888.9	3.22	6698	23.96
湖南	2005	271.88	6596.1	48.19	5488.4	3.62	6326	42.98
湖南	2006	263.24	7688.67	58.83	6143.9	4.47	6342	41.51
湖南	2007	271.67	9439.6	74.18	7298.2	4.27	6355	42.75

续表

地区	年份	汽油消费量（万吨）	GDP（亿元）	私人汽车拥有量（万辆）	人均可支配收入（元）	90号汽油价格（元/升）	人口总数（万）	人均汽油消费量（千克/人）
湖南	2008	231.8	11555	93.63	8435.9	5.48	6380	36.33
湖南	2009	246.11	13059.69	128.17	9304.1	5.2	6406	38.42
湖南	2010	262.36	16037.96	169.24	10360.9	5.92	6570	39.93
湖南	2011	295.05	19669.56	212.89	12104.4	6.62	6596	44.73
湖南	2012	388.93	22154.23	261.59	13914.4	7	6639	58.58
湖南	2013	434.56	24621.67	318.49	16377.7	6.89	6691	64.95
湖南	2014	456.8	27048.46	384.71	18196.3	7.23	6737	67.80
湖南	2015	514.65	28902.21	457.79	20074.5	6.14	6783	75.87
青海	2001	17.61	300.13	3.16	3085.3	2.45	523	33.67
青海	2002	16.1	340.65	3.51	3311.3	2.44	529	30.43
青海	2003	17.16	390.2	4.1	3648.5	2.78	534	32.13
青海	2004	16.81	466.1	4.89	4016.9	3.18	539	31.19
青海	2005	17.5	543.32	5.27	4468.4	3.57	543	32.23
青海	2006	18.39	648.5	6.4	4964.3	4.2	548	33.56
青海	2007	16.42	797.35	7.89	5723.5	4.23	552	29.75
青海	2008	21.38	1018.62	10.79	6561.0	5.4	554	38.59
青海	2009	23.17	1081.27	14.31	7272.4	5.12	557	41.60
青海	2010	26.19	1350.43	19.95	8335.3	5.84	563	46.52
青海	2011	28.97	1670.44	27.48	9699.4	6.55	568	51.00
青海	2012	29.91	1893.54	35.78	11156.6	6.93	573	52.20
青海	2013	32.85	2122.06	44.67	13190.7	6.85	578	56.83
青海	2014	37.17	2301.12	54.1	14756.0	6.78	583	63.76
青海	2015	44.96	2417.05	63.12	16294.3	5.35	588	76.46
河南	2001	124.03	5533.01	39.24	2877.1	2.5	9555	12.98
河南	2002	119.5	6035.48	48.53	3264.1	2.44	9613	12.43
河南	2003	121.99	6867.7	57.2	3525.8	2.83	9667	12.62
河南	2004	221.95	8553.79	64.1	4050.4	3.23	9717	22.84
河南	2005	234.54	10587.42	83.85	4647.5	3.63	9380	25.00
河南	2006	249.69	12362.79	105.59	5387.8	4.25	9392	26.59

续表

地区	年份	汽油消费量（万吨）	GDP（亿元）	私人汽车拥有量（万辆）	人均可支配收入（元）	90号汽油价格（元/升）	人口总数（万）	人均汽油消费量（千克/人）
河南	2007	210.9	15012.46	132.7	6470.0	4.28	9360	22.53
河南	2008	191.75	18018.53	162.58	7616.3	5.45	9429	20.34
河南	2009	196.36	19480.46	220.18	8413.3	5.16	9487	20.70
河南	2010	297.49	23092.36	294.76	9530.3	5.89	9405	31.63
河南	2011	358.53	26931.03	383.63	11306.7	6.59	9388	38.19
河南	2012	426.92	29599.31	467.8	13005.9	6.97	9406	45.39
河南	2013	556.92	32191.3	580.64	14563.2	6.99	9413	59.16
河南	2014	529.82	34939.38	775.77	16161.1	6.64	9436	56.15
河南	2015	676.63	37002.16	836.73	17749.9	5.59	9480	71.37
贵州	2001	47.83	1133.27	12.25	2399.7	2.61	3799	12.59
贵州	2002	50.48	1243.43	12.68	2605.5	2.55	3837	13.16
贵州	2003	58.94	1426.34	11.4	2847.5	2.95	3870	15.23
贵州	2004	67.23	1677.8	16.84	3192.0	3.34	3904	17.22
贵州	2005	67.52	2005.42	30.26	3562.4	3.74	3730	18.10
贵州	2006	78.94	2338.98	31.97	3942.5	4.37	3690	21.39
贵州	2007	85.65	2884.11	40.23	4719.9	4.39	3632	23.58
贵州	2008	123.42	3561.56	49.57	5406.2	5.56	3596	34.32
贵州	2009	129.99	3912.68	66.44	5951.1	5.28	3537	36.75
贵州	2010	143.36	4602.16	87.81	7078.9	6	3479	41.21
贵州	2011	145.23	5701.84	106.26	8463.7	6.71	3469	41.87
贵州	2012	158.3	6852.2	132.21	9833.2	7.08	3484	45.44
贵州	2013	195.4	8086.86	166.28	11447.2	6.97	3502	55.80
贵州	2014	217.38	9251.01	207.47	13025.6	6.71	3508	61.97
贵州	2015	293.99	10502.56	254.41	14609.8	5.67	3530	83.28
黑龙江	2001	269.84	3390.1	22.38	3911.3	2.48	3811	70.81
黑龙江	2002	258.57	3637.2	25.19	4332.9	2.42	3813	67.81
黑龙江	2003	310.17	4057.4	33.93	4697.2	2.82	3815	81.30
黑龙江	2004	321.58	4750.6	36.01	5362.5	3.21	3817	84.25
黑龙江	2005	312.19	5513.7	43.88	5902.9	3.61	3820	81.73

地区	年份	汽油消费量（万吨）	GDP（亿元）	私人汽车拥有量（万辆）	人均可支配收入（元）	90号汽油价格（元/升）	人口总数（万）	人均汽油消费量（千克/人）
黑龙江	2006	345.32	6211.8	51.69	6563.9	4.24	3823	90.33
黑龙江	2007	376.01	7104	63.24	7427.0	4.26	3824	98.33
黑龙江	2008	278.97	8314.37	77.88	8581.5	5.44	3825	72.93
黑龙江	2009	319.4	8587	108.2	9290.3	5.15	3826	83.48
黑龙江	2010	363.79	10368.6	139.65	10467.5	5.87	3833	94.91
黑龙江	2011	466.56	12582	172.02	12169.9	6.58	3834	121.69
黑龙江	2012	465.99	13691.58	201.37	13814.6	6.95	3834	121.54
黑龙江	2013	277.59	14454.91	231.06	18253.0	7	3835	72.38
黑龙江	2014	314.28	15039.38	265.03	17506.3	6.77	3833	81.99
黑龙江	2015	342.07	15083.67	299.11	18800.8	6.13	3812	89.74
江苏	2001	247.71	9456.84	27.09	5335.2	2.47	7359	33.66
江苏	2002	293.39	10606.85	39.5	5865.0	2.41	7406	39.62
江苏	2003	339.17	12442.87	58.72	6581.8	2.81	7458	45.48
江苏	2004	364.23	15003.6	78.2	7524.6	3.2	7523	48.42
江苏	2005	420.13	18598.69	109.43	8832.7	3.6	7588	55.37
江苏	2006	449.51	21742.05	148.37	10104.6	4.23	7656	58.71
江苏	2007	481.56	26018.48	193.85	11784.1	4.25	7723	62.35
江苏	2008	561.8	30981.98	240.28	13505.2	5.42	7762	72.38
江苏	2009	585.66	34457.3	317.52	14982.4	5.13	7810	74.99
江苏	2010	749.84	41425.48	418.13	17494.0	5.91	7869	95.29
江苏	2011	827.38	49110.27	528.86	20419.3	6.62	7899	104.74
江苏	2012	935	54058.22	646.69	23212.1	6.99	7920	118.06
江苏	2013	891.46	59753.37	780.43	25103.0	6.96	7939	112.29
江苏	2014	974.61	65088.32	927.48	27601.9	6.67	7960	122.44
江苏	2015	1003.89	70116.38	1070.12	30171.5	5.58	7976	125.86
福建	2001	106.35	4072.85	18.05	5486.8	2.52	3445	30.87
福建	2002	132.76	4467.55	22.83	6016.2	2.46	3476	38.19
福建	2003	138.66	4983.67	28.78	6553.6	2.86	3502	39.59
福建	2004	192.15	5763.35	34.14	7358.3	3.25	3529	54.45

续表

地区	年份	汽油消费量（万吨）	GDP（亿元）	私人汽车拥有量（万辆）	人均可支配收入（元）	90号汽油价格（元/升）	人口总数（万）	人均汽油消费量（千克/人）
福建	2005	199.81	6554.69	42.07	8338.3	3.64	3557	56.17
福建	2006	208.05	7583.85	56.99	9330.1	4.49	3585	58.03
福建	2007	264.17	9248.53	74.57	10628.3	4.3	3612	73.14
福建	2008	250.48	10823.01	91.74	12432.8	5.47	3639	68.83
福建	2009	263.64	12236.53	118.13	13786.3	5.19	3666	71.91
福建	2010	333.2	14737.12	151.93	15624.4	5.91	3693	90.22
福建	2011	374.01	17560.18	189.6	18148.0	6.62	3720	100.54
福建	2012	397.62	19701.78	230.88	20748.6	7	3748	106.09
福建	2013	409.56	21868.49	277.49	21593.3	6.93	3774	108.52
福建	2014	440.45	24055.76	329.53	23818.3	6.75	3806	115.73
福建	2015	465.09	25979.82	377.95	26055.1	5.56	3839	121.15
内蒙古	2001	72.1	1713.81	20.75	3526.5	2.5	2381	30.28
内蒙古	2002	79.35	1940.94	24.63	3849.0	2.44	2384	33.28
内蒙古	2003	96.63	2388.38	31.33	4421.5	2.83	2386	40.50
内蒙古	2004	151.3	3041.07	39.88	5160.7	3.22	2393	63.23
内蒙古	2005	192.41	3905.03	44.25	5890.2	3.62	2403	80.07
内蒙古	2006	211.75	4944.25	56.82	6755.5	4.25	2415	87.68
内蒙古	2007	236.12	6423.18	70.19	8177.6	4.27	2429	97.21
内蒙古	2008	260.88	8496.2	87.81	9712.4	5.45	2444	106.74
内蒙古	2009	279.51	9740.25	114.36	10766.4	5.16	2458	113.71
内蒙古	2010	325.68	11672	147.47	12283.4	5.88	2472	131.75
内蒙古	2011	310.24	14359.88	188.08	14434.2	6.59	2482	125.00
内蒙古	2012	302.53	15880.58	223.66	16585.2	6.96	2490	121.50
内蒙古	2013	255.23	16916.5	263.86	18972.7	6.79	2498	102.17
内蒙古	2014	271.66	17770.19	300.49	20912.3	6.7	2505	108.45
内蒙古	2015	305.76	17831.51	334.9	22725.2	6.39	2511	121.77
湖北	2001	185.55	3880.53	17.26	3803.1	2.47	5658	32.79
湖北	2002	232.78	4212.82	22.69	4268.6	2.41	5672	41.04
湖北	2003	292.86	4757.45	29.44	4591.8	2.84	5685	51.51

地区	年份	汽油消费量（万吨）	GDP（亿元）	私人汽车拥有量（万辆）	人均可支配收入（元）	90号汽油价格（元/升）	人口总数（万）	人均汽油消费量（千克/人）
湖北	2004	304.55	5633.24	35.18	5085.3	3.23	5698	53.45
湖北	2005	367.43	6590.19	43.47	5556.1	3.63	5710	64.35
湖北	2006	421.49	7617.47	52.37	6215.8	4.26	5693	74.04
湖北	2007	551.91	9333.4	66.37	7315.3	4.28	5699	96.84
湖北	2008	624.23	11328.92	83.3	8496.3	5.45	5711	109.30
湖北	2009	559.5	12961.1	113.26	9327.8	5.17	5720	97.81
湖北	2010	457.8	15967.61	148.65	10915.0	5.89	5728	79.92
湖北	2011	497.81	19632.26	185.38	12845.2	6.59	5758	86.46
湖北	2012	566.71	22250.45	227.45	14800.8	6.97	5779	98.06
湖北	2013	616.05	24791.83	282.94	16765.0	6.92	5799	106.23
湖北	2014	660.05	27367.04	349.64	18645.2	6.56	5816	113.49
湖北	2015	699.92	29550.19	428.31	20489.8	5.58	5852	119.60
浙江	2001	212.87	6898.34	26.62	7532.8	2.5	4729	45.01
浙江	2002	231.44	8003.67	52.52	8437.2	2.44	4776	48.46
浙江	2003	262.15	9705.02	75.87	9525.6	2.83	4857	53.97
浙江	2004	278.66	11648.7	102.79	10637.4	3.22	4925	56.58
浙江	2005	368.53	13417.68	135.08	12056.9	3.62	4991	73.84
浙江	2006	404.8	15718.47	172.41	13511.1	4.47	5072	79.81
浙江	2007	447.09	18753.73	216.41	15306.5	4.27	5155	86.73
浙江	2008	475.36	21462.69	258.55	17015.6	5.45	5212	91.20
浙江	2009	508.62	22990.35	332.05	18463.3	5.19	5276	96.40
浙江	2010	586.7	27722.31	431.52	21193.2	5.91	5447	107.71
浙江	2011	647.76	32318.85	534.7	24220.9	6.62	5463	118.57
浙江	2012	706.16	34665.33	643.34	27189.2	6.99	5477	128.93
浙江	2013	706.14	37756.59	763.87	30029.8	6.89	5498	128.44
浙江	2014	710.38	40153.5	869.95	33008.4	6.66	5508	128.97
浙江	2015	754.05	42886.49	976.99	35990.3	5.54	5539	136.13
广东	2001	324.82	12039.25	105.69	7577.6	2.54	8733	37.19
广东	2002	344.58	13502.42	132.53	8133.3	2.48	8842	38.97

续表

地区	年份	汽油消费量（万吨）	GDP（亿元）	私人汽车拥有量（万辆）	人均可支配收入（元）	90号汽油价格（元/升）	人口总数（万）	人均汽油消费量（千克/人）
广东	2003	375.04	15844.64	160.72	9013.1	2.88	8963	41.84
广东	2004	447.44	18864.62	200.13	9882.7	3.27	9111	49.11
广东	2005	706.22	22557.37	251.6	10806.8	3.67	9194	76.81
广东	2006	771.39	26587.76	303.25	11970.0	4.29	9442	81.70
广东	2007	837.73	31777.01	371.63	13247.9	4.32	9660	86.72
广东	2008	886.9	36796.71	435.14	14848.7	5.49	9893	89.65
广东	2009	957.2	39482.56	516.11	16207.1	5.21	10130	94.49
广东	2010	1086.12	46013.06	628.12	18484.3	5.93	10441	104.02
广东	2011	1207.59	53210.28	745.37	21026.6	6.63	10505	114.95
广东	2012	1259.5	57067.92	863.46	23809.1	7.01	10594	118.89
广东	2013	1070.6	62474.79	995.93	23582.1	7.09	10644	100.58
广东	2014	1118.9	67792.24	1149.83	25778.7	7.86	10724	104.34
广东	2015	1229.09	72812.55	1292.68	28061.5	6.11	10849	113.29
四川	2001	157.96	4293.49	45.85	3206.7	2.64	8143	19.40
四川	2002	171.47	4725.01	56.06	3419.1	2.59	8110	21.14
四川	2003	181.66	5333.09	67.02	3691.9	2.98	8176	22.22
四川	2004	204.02	6379.63	75.9	4163.5	3.37	8090	25.22
四川	2005	224.44	7385.1	89.32	4645.3	3.77	8212	27.33
四川	2006	269.32	8690.24	127.86	5179.7	4.36	8169	32.97
四川	2007	330.44	10562.39	127.53	6234.9	4.42	8127	40.66
四川	2008	375.92	12601.23	157.44	7305.2	5.6	8138	46.19
四川	2009	462.92	14151.28	216.85	8091.6	5.31	8185	56.56
四川	2010	541.82	17185.48	280.95	9254.7	6.03	8045	67.35
四川	2011	642.08	21026.68	342.29	11051.7	6.74	8050	79.76
四川	2012	700	23872.8	408.89	12794.2	7.11	8076	86.68
四川	2013	818.47	26392.07	485.52	14597.8	6.97	8107	100.96
四川	2014	829.84	28536.66	576.1	16240.6	6.71	8140	101.95
四川	2015	894.98	30053.1	676.09	17856.8	5.67	8204	109.09
新疆	2001	86.35	1491.6	17.38	3326.0	2.31	1876	46.03

地区	年份	汽油消费量（万吨）	GDP（亿元）	私人汽车拥有量（万辆）	人均可支配收入（元）	90号汽油价格（元/升）	人口总数（万）	人均汽油消费量（千克/人）
新疆	2002	86.7	1612.65	18.87	3632.0	2.24	1905	45.51
新疆	2003	91.35	1886.35	19.2	3919.3	2.63	1934	47.23
新疆	2004	110.91	2209.09	21.29	4162.9	3.02	1963	56.50
新疆	2005	106.73	2604.19	24.97	4530.4	3.42	2010	53.10
新疆	2006	117.82	3045.26	29.1	5065.2	4.04	2050	57.47
新疆	2007	124.51	3523.16	35.77	5973.9	4.06	2095	59.43
新疆	2008	123.66	4183.21	44.17	6647.0	5.23	2131	58.03
新疆	2009	121.87	4277.05	58.11	7218.9	4.99	2159	56.45
新疆	2010	131.17	5437.47	79.25	8515.0	5.71	2185	60.03
新疆	2011	138.84	6610.05	107.37	9828.2	6.42	2209	62.85
新疆	2012	154.63	7505.31	142.52	11462.9	6.79	2233	69.25
新疆	2013	209.36	8443.84	171.2	13737.8	6.7	2264	92.47
新疆	2014	215.84	9273.46	205.6	15405.2	6.64	2298	93.93
新疆	2015	254.5	9324.8	232.32	17385.8	5.61	2360	107.84
海南	2001	31.37	579.17	2.14	3710.4	2.59	796	39.41
海南	2002	35.6	642.73	3.56	4275.0	2.53	803	44.33
海南	2003	19.79	713.96	4.78	4604.0	2.92	811	24.40
海南	2004	34.21	819.66	6.06	4988.1	3.32	818	41.82
海南	2005	39.48	918.75	7.67	5316.6	3.72	828	47.68
海南	2006	33.24	1065.67	9.75	6082.9	4.34	836	39.76
海南	2007	46.6	1254.17	12.74	7193.8	4.37	845	55.15
海南	2008	38.85	1503.06	16.2	8335.3	5.54	854	45.49
海南	2009	47.62	1654.21	20.71	9174.7	5.26	864	55.12
海南	2010	52.63	2064.5	28.09	10410.5	5.98	869	60.56
海南	2011	60.5	2522.66	35.51	12468.7	6.68	877	68.99
海南	2012	65.05	2855.54	42.68	14368.5	7.06	887	73.34
海南	2013	72.13	3177.56	51.4	15979.1	7.76	895	80.59
海南	2014	80.16	3500.72	61.65	17756.4	7.59	903	88.77
海南	2015	92.77	3702.76	70.69	19398.1	6.59	911	101.83

续表

地区	年份	汽油消费量（万吨）	GDP（亿元）	私人汽车拥有量（万辆）	人均可支配收入（元）	90号汽油价格（元/升）	人口总数（万）	人均汽油消费量（千克/人）
辽宁	2001	235.79	5033.08	28.31	4344.3	2.48	4194	56.22
辽宁	2002	236.1	5458.22	30.77	4865.5	2.42	4203	56.17
辽宁	2003	227.94	6002.54	35.31	5386.2	2.82	4210	54.14
辽宁	2004	229.18	6672	47.95	6024.6	3.21	4217	54.35
辽宁	2005	357.17	8047.26	57.91	6870.6	3.61	4221	84.62
辽宁	2006	393.53	9304.52	75.03	7793.8	4.24	4271	92.14
辽宁	2007	442.12	11164.3	91.47	9228.7	4.26	4298	102.87
辽宁	2008	410.49	13668.58	111.63	10870.3	5.44	4315	95.13
辽宁	2009	464.05	15212.49	152.17	11874.8	5.15	4341	106.90
辽宁	2010	593.17	18457.27	198.81	13617.9	5.87	4375	135.58
辽宁	2011	706.61	22226.7	250.59	17983.6	6.58	4383	161.22
辽宁	2012	780.84	24846.43	304.82	20605.8	6.95	4389	177.91
辽宁	2013	658.9	27213.22	355.94	21148.7	6.77	4390	150.09
辽宁	2014	704.73	28626.58	416.98	23186.2	6.8	4391	160.49
辽宁	2015	742.72	28669.02	478.94	24905.6	6.04	4382	169.49
北京	2001	138.69	3707.96	62.41	10191.6	2.48	1385	100.14
北京	2002	152	4315	81.08	11063.7	2.42	1423	106.82
北京	2003	165.22	5007.21	107.09	12341.3	2.82	1456	113.48
北京	2004	198.39	6033.21	125.22	13982.7	3.21	1493	132.88
北京	2005	235.23	6969.52	149.31	15964.3	3.61	1538	152.95
北京	2006	278.16	8117.78	176.24	18267.7	4.4	1581	175.94
北京	2007	324.72	9846.81	207.94	20321.1	4.42	1633	198.85
北京	2008	340.92	11115	244.27	23140.2	5.6	1695	201.13
北京	2009	363.61	12153.03	296.56	25244.4	5.45	1755	207.19
北京	2010	371.53	14113.58	371.51	26848.8	6.2	1962	189.36
北京	2011	389.79	16251.93	387.29	30392.5	6.9	2019	193.06
北京	2012	415.9	17879.4	405.55	33714.8	7.27	2069	201.01
北京	2013	423.61	19800.81	424.95	40798.3	7.35	2115	200.29
北京	2014	440.62	21330.83	435.79	44479.1	7.29	2152	204.75

地区	年份	汽油消费量（万吨）	GDP（亿元）	私人汽车拥有量（万辆）	人均可支配收入（元）	90号汽油价格（元/升）	人口总数（万）	人均汽油消费量（千克/人）
北京	2015	462.75	23014.59	439.33	48486.4	5.87	2171	213.15
天津	2001	116.27	1919.09	23.21	7586.2	2.48	1004	115.81
天津	2002	94.76	2150.76	26.82	7986.2	2.42	1007	94.10
天津	2003	106.42	2578.03	30.96	8812.2	2.82	1011	105.26
天津	2004	118.71	3110.97	36.97	9823.8	3.21	1024	115.93
天津	2005	118.96	3905.64	45.02	10879.0	3.61	1043	114.06
天津	2006	127.84	4462.74	54.82	12327.4	4.24	1075	118.92
天津	2007	140.15	5252.76	66.61	14144.2	4.26	1115	125.70
天津	2008	148.76	6719.01	79.89	16799.1	5.44	1176	126.50
天津	2009	181.03	7521.85	100.01	18606.5	5.15	1228	147.42
天津	2010	205.12	9224.46	125.7	21392.1	5.87	1299	157.91
天津	2011	222.57	11307.28	155.46	24074.3	6.58	1354	164.38
天津	2012	253.75	12893.88	185.54	26744.7	6.95	1413	179.58
天津	2013	212.24	14442.01	224.36	26526.5	6.9	1472	144.18
天津	2014	226.82	15726.93	235.15	28936.3	6.55	1517	149.52
天津	2015	263.73	16538.19	234.68	31385.3	5.64	1547	170.48
上海	2001	137.33	5210.12	8.72	12076.3	2.5	1668	82.33
上海	2002	160.09	5741.03	14.68	12450.0	2.44	1713	93.46
上海	2003	202.24	6694.23	22.44	13946.6	2.83	1766	114.52
上海	2004	221.02	8072.83	31.77	15619.0	3.22	1835	120.45
上海	2005	242.34	9247.66	41	17511.8	3.62	1890	128.22
上海	2006	268.73	10572.24	50.94	19364.7	4.25	1964	136.83
上海	2007	299.66	12494.01	61.29	22094.7	4.27	2064	145.18
上海	2008	340.5	14069.86	72.04	24938.7	5.45	2141	159.04
上海	2009	388.52	15046.45	85.03	26972.9	5.16	2210	175.80
上海	2010	415.37	17165.98	103.71	29922.6	6.18	2303	180.36
上海	2011	472.87	19195.69	119.75	34072.7	6.88	2347	201.48
上海	2012	517.35	20181.72	141.16	37799.4	7.26	2380	217.37
上海	2013	532.55	21818.15	163.23	42210.3	6.85	2415	220.52
上海	2014	577.03	23567.7	183.3	45957.9	7.26	2426	237.85
上海	2015	607.69	25123.45	208.65	49277.7	5.73	2415	251.63

居民节能认知、行为与美好山东建设调查问卷

尊敬的先生/女士您好：

我是青岛理工大学商学院的学生，为了解我省居民对节能及美好山东建设的认识等状况，先进行问卷调查。感谢您对本问卷调查的关心和支持。本次调查仅作学术研究之用，无其他任何意图，请您放心作答，谢谢！

问卷编号_____　　　　调研地点_____（市/县）

调研时间_____　　　　调研人员_____

一、此部分问题，"不认同"为1，"不太认同"为2，"说不清楚"为3，"比较认同"为4，"非常认同"为5，请打分，谢谢。

A1 保护环境会减少就业机会。[　]

A2 自然拥有足够的平衡力量来消除现代工业造成的影响。[　]

A3 我一直非常关注气候变暖问题。[　]

A4 气候变暖问题已经严重影响我的日常生活。[　]

A5 我知道什么是温室气体。[　]

A6 我清楚怎样减少温室气体的排放。[　]

A7 我会主动向朋友、熟人宣传低碳节能方面的知识和技巧。[　]

A8 当看到有人做有损环境的行为时，我会主动劝阻。[　]

A9 保护环境、节能减排是政府的责任，与我无关。[　]

二、此部分问题，"不认同"为1，"不太认同"为2，"说不清楚"为3，"比较认同"为4，"非常认同"为5，请打分，谢谢。

B1 是否购买低碳节能的产品完全在于我自己。[　]

B2 购买家电、厨卫、灯具时，我更看重使用中的耗能量。[　]

B3 我会购买太阳能热水器或混合型热水器。[　]

B4 我愿意每个月为绿电（太阳能、风能等发的电）多支付5%～10%的电费。[　]

B5 有机会，我会考虑购买节能型小排量汽车或混合动力汽车。[　]

B6 离开房间时，我做到随手关灯。[　]

B7 从冰箱中存取食物时，尽量减少冰箱的开关门次数。[　]

B8 积累足够的衣物量，才使用洗衣机。[　]

B9 注意调节水龙头和马桶的流量，经常一水多用。[　]

B10 夏季，只要我待在室内感到闷热，就会打开空调。[　]

B11 使用空调时，夏季温度不低于26℃，冬季温度不高于20℃。[　]

B12 我注意将不用的电器关掉电源，而不是让其待机。[　]

B13 我乘坐地铁、公交等公共交通工具上下班比较方便。[　]

B14 有强制性的规定，我才会每周少开一天车。[　]

B15 新能源汽车（电力、混合动力汽车）使用起来很不方便。[　]

B16 我不愿意为了低碳而耽误自己的时间。[　]

B17 减少能源消费会降低我的生活品质。[　]

B18 价格是我决定是否购买低碳节能产品的主要因素。[　]

B19 水价、电价的不断上涨，让我越来越注意节水节电了。[　]

B20 我的家人、朋友和老师会影响我是否采取节能行为。[　]

B21 好的宣传促销活动，会促使我购买节能产品。[　]

B22 有政府的补贴，我更愿意购买节能家电。[ ]

B23 如果开征碳税，我会更注意低碳消费。[ ]

B24 媒体和社区的宣传让我学会了很多低碳节能的知识和技能。[ ]

B25 我愿意花更多的时间和精力实施垃圾分类。[ ]

三、部分问题，"不认同"为1，"不太认同"为2，"说不清楚"为3，"比较认同"为4，"非常认同"为5，请打分；部分问题根据选项选择，谢谢。

C1 我听说过生态文明建设。[ ]

C2 我一直关注与生态文明建设相关的新闻。[ ]

C3 我认为个人参与生态文明建设对这个社会影响十分重要。[ ]

C4 您是通过什么途径了解"美丽山东建设"这一概念的？[ ]

□没有 □网络、电视、广播、报纸 □课堂 □朋友

C5 我十分清楚美丽山东建设涉及的相关内容。[ ]

C6 我认为建设美丽山东与我们的生活关系密切。[ ]

C7 我愿意更深入地学习如何传播生态文明、保护生态。[ ]

C8 您认为生态文明建设主要是谁的责任？[ ]

□居民 □企业单位 □政府 □媒体 □共同的责任

C9 您认为本市的生态环境在哪些方面需要改进？[ ]

□水资源 □植被 □空气 □环境卫生 □其他_____

C10 政府要采取加强美丽山东建设，您最希望推出以下哪方面措施？[ ]

□思想意识方面，优化教育资源配置，推进环保意识全面发展 □政策方面，相关政策条项要明细清晰，可行性要强 □经济方面，调整产业结构，优化产业模式 □政府自身方面，提高政府执政能力，强化政府干部队伍建设

C11 您觉得以下哪些因素在美丽山东建设过程中比较重要？（最多选

三项）〔　〕

□政府的政策　　□经济的支持　　□先进的科技　　□奖惩制度　　□宣传教育
□完善的管理　　□全民素质

个人基本资料

D1 您的性别：□男　　□女

D2 您的年龄：□25 岁以下　　□25～40 岁　　□41～60 岁　　□60 岁以上

D3 您的学历：□初中及以下　　□高中、中专或技校　　□大专或本科
□研究生及以上

D4 您的职业：□政府部门工作人员　　□一般工人或服务人员　　□企业管理人员　　□工程技术人员　　□科教和环境卫生工作人员　　□自由职业者
□其他

D5 您的家庭平均月收入：□2000 元以下　　□2000～5000 元　　□5000～10000 元　　□10000～20000 元　　□20000 元以上

D6 您的家庭类型：□独居　　□2 口之家　　□3 口之家　　□4 口之家　　□4 口以上

问卷到此结束，再次衷心地感谢您的合作！

后　记

转眼已是 2020 年，可谓"少年听雨歌楼上""壮年听雨客舟中"，时光荏苒。过去的几年，我们一直致力于节能减排、提高能源效率等方面的研究工作，"亦余心之所善兮，虽九死其犹未悔"。然而科研的道路总是"云开巫峡千峰出，路转巴江一字流"，在每一个挑灯的深夜，在每一次数据搜集与整理后，在每一次模型构建失败时，在每一次数据处理结果不甚理想时，在每一次投稿被拒时，总有"无边落木萧萧下，不尽长江滚滚来"的悲怆。

也正是因为有一次次的失败又一次次的坚持，才在最终成稿时有"一日看尽长安花"的喜悦。科研的道路向来无止境，经济研究也有实时性，在未来的研究工作中，我们团队希望更多地涉及新能源汽车政策、新能源汽车行业、新能源汽车服务终端等领域。与此同时，国际经济形势剧变，国际原油价格持续震荡，探讨新国际形势下我国石油安全战略对我国经济发展也具有很高的战略意义。"路漫漫其修远兮"，我们必将秉承"操千曲而后晓声，观千剑而后识器"的毅力，"冰霜历尽心不移"的决心，在科研的道路上坚持不懈，一往无前。

在此真诚感谢前期研究中给予我帮助的所有朋友、同事和师长。感谢王群伟、查冬兰、张明明、白洋及王楠对研究提出的建设性构思，感谢丁建勋、西爱琴、曹梓珞、汪艳涛对文稿提出的修改意见，感谢家人在科研及工作过程中给予的理解和关怀。

王双英

2020 年 3 月 9 日　唐岛湾畔